高等学校交通运输与工程类专业教材建设委员会规划教材

桥梁工程建筑信息模型（BIM）技术

全立体化教程
配套视频教程
赠送桥梁族库
附图纸及 PPT
建模 + 渲染 + 动画 + 开发
0 基础 60 天独立做 BIM 项目

王黎园　陈　誉　主　编
颜学渊　薛俊青　副主编

微信扫码进入
本课程慕课

人民交通出版社股份有限公司
北　京

内 容 提 要

本书结合最新建筑信息模型(BIM)规范由浅入深、循序渐进地介绍了 BIM 技术及其在桥梁工程中的应用。教材内容包括建模、渲染、动画、开发等，涉及 Revit、Dynamo、Lumion、3D Studio Max 等软件的操作，同时介绍基于 Revit API 开发桥梁快速建模系统，供学有余力的读者进一步拓展建模思维。本书作为全立体化教程，除了纸质教材，还配套大学 MOOC(慕课)课程，同时附有视频教程以及其他数字资源库，包括教学大纲、电子课件、操作习题等，供读者学习使用。

本书具有综合性和实践指导性等特点，可以作为本科、职业院校土木工程、工程管理、工程造价、建筑工程技术、工程监理等土木类相关专业的教材或 BIM 技能考试培训的参考教材，亦可作为广大桥梁工程技术相关人员学习的参考用书。

【教材配套教学大纲和电子课件,资源编号为 J-01,请扫描封面二维码查看】

图书在版编目(CIP)数据

桥梁工程建筑信息模型(BIM)技术 / 王黎园，陈誉主编. — 北京：人民交通出版社股份有限公司，2023.8
　ISBN 978-7-114-18352-2

Ⅰ.①桥… Ⅱ.①王… ②陈… Ⅲ.①桥梁设计—计算机辅助设计—应用软件 Ⅳ.①U442.5-39

中国版本图书馆 CIP 数据核字(2022)第 217759 号

高等学校交通运输与工程类专业教材建设委员会规划教材
Qiaoliang Gongcheng Jianzhu Xinxi Moxing(BIM) Jishu

书　　名：	桥梁工程建筑信息模型（BIM）技术
著 作 者：	王黎园　陈 誉
责任编辑：	卢俊丽　陈虹宇
责任校对：	赵媛媛　魏佳宁
责任印制：	张　凯
出版发行：	人民交通出版社股份有限公司
地　　址：	(100011)北京市朝阳区安定门外外馆斜街 3 号
网　　址：	http://www.ccpcl.com.cn
销售电话：	(010)59757973
总 经 销：	人民交通出版社股份有限公司发行部
经　　销：	各地新华书店
印　　刷：	北京虎彩文化传播有限公司
开　　本：	787×1092　1/16
印　　张：	16.75
字　　数：	419 千
版　　次：	2023 年 8 月　第 1 版
印　　次：	2023 年 8 月　第 1 次印刷
书　　号：	ISBN 978-7-114-18352-2
定　　价：	49.00 元

(有印刷、装订质量问题的图书，由本公司负责调换)

前言

在以新基建为全新发展理念的智慧经济时代,建筑信息模型(BIM)技术作为建筑业的新架构、新规则,其作用日益凸显,培养综合型 BIM 技术运用人才势在必行,BIM 课程已成为各大高校新开的必修课。该课程作为新设立的课程,具有多学科交叉,操作性强,实用性强,涉及的专业知识多、软件多等特点,其教学体系尚在探索中。本书按照布鲁姆教育目标分类学理论循序渐进地介绍了 BIM 技术及其在桥梁工程中的应用。通过本书的学习,读者可以理解并掌握 BIM 基本知识、体系架构及相关标准等;熟悉 BIM 技术相关软件;掌握 BIM 建模技术,完成工程项目全过程可视化设计并达到数值化建造基本要求;掌握 BIM 技术应用,基于工程模型完成综合运用。

本书在编写过程中,主要突出以下两个特点:

(1)立体化教程,提供整体教学解决方案。除了纸质教材,本书采用新形态教材形式,基于移动互联网技术,通过二维码以及增值服务码将纸质教材、在线课程网站和教学资源库中的线上线下教育资源有机衔接起来。

(2)选取实际工程案例,具有实用性和易用性。读者在掌握建模技术的同时,能进一步提高专业知识水平。

第 1 章绪论,主要由王黎园、张岩清编写。主要介绍 BIM 技术的基础知识,包括 BIM 的概念与 BIM 技术发展、BIM 政策与标准、常用 BIM 建模软件、BIM 技术在桥梁工程中的应用、桥梁工程应用 BIM 技术的意义。通过学习本章内容,读者能了解 BIM 技术的基本概念与特点等内容。

第 2 章 Revit 软件的基本功能及操作,主要由蔡雅宏、欧骏瑞编写。主要对 Revit 软件进行介绍,让读者对 Revit 软件的基本功能等有比较清晰的了解,能够进行简单的上机操作。

第3章 Revit 创建桥梁构件族，主要由唐思意、颜学渊编写。主要讲解利用 Revit 软件创建桥梁主梁、桥墩、桥台、钢筋等构件。

第4章 Dynamo 参数化建模，主要由公心莉、陈誉编写。展开介绍 Dynamo 软件参数化建模过程，让读者对 Dynamo 有初步的认识，并能够使用 Dynamo 软件进行参数化建模。

第5~7章主要为实际工程综合建模教程，分别由王子威、王键琳、钟林悦编写。以桥梁中典型的斜拉桥、悬索桥、拱桥为例，详细地讲解其建模步骤，让读者能够掌握各类桥型的模型创建方法。

第8章基于 Revit 及 Navisworks 软件的模型优化，主要由杨滔、钟林悦编写。内容包括基于 Revit 软件的工程量统计与导出优化图纸，基于 Revit 软件和 Navisworks 的碰撞检查等。

第9章 Lumion 软件制作漫游动画，主要由周绩晗、杨永泰编写。就 Lumion 软件的功能、操作做了详细的介绍，并以案例直观地展示，方便读者理解和掌握。

第10章 3D Studio Max 软件制作桥梁施工动画，主要由张吓转、薛俊青编写。以通用的动画制作软件 3D Studio Max 为例，讲述桥梁动画的制作过程，使读者能够掌握 BIM 技术中的三维可视化动画制作过程。

第11章基于 Revit API 开发桥梁快速建模系统，主要由牙森·麦麦提、公心莉编写。供学有余力的读者进一步拓展建模思维，提高开发 BIM 技术其他应用的能力。

本书在编写过程中，参考了相关文献，再次向文献的作者致谢。感谢福建晨曦信息科技集团股份有限公司、广联达科技股份有限公司、相关科研单位以及兄弟院校大力支持，同时感谢人民交通出版社股份有限公司的卢俊丽编辑认真细致审阅了本书。

由于编者水平有限，书中不足之处在所难免，恳请广大读者批评指正，不胜感激。

编 者

2023年3月

本教材配套资源索引

资源编号	资源名称	对应本书页码	对应章节
J-01	J01 教学大纲、电子课件	版本记录页	内容提要
Z-01	Z01 桥梁族	153	第7章
M-01	M01 课程慕课	18	第1章
S-01	S01 Revit 软件界面	27	第2章
S-02	S02 标高与轴网的创建	31	第2章
S-03	S03 基础的绘制	35	第2章
S-04	S04 墙柱的绘制	38	第2章
S-05	S05 结构梁的绘制	40	第2章
S-06	S06 建筑墙的绘制	42	第2章
S-07	S07 门窗的绘制	45	第2章
S-08	S08 楼板与楼梯的绘制	49	第2章
S-09	S09 创建弧形楼梯和屋顶	51	第2章
S-10	S10 常规模型族的创建	53	第2章
S-11	S11 创建概念体量	56	第2章
S-12	S12 桥墩构件的创建	70	第3章
S-13	S13 桥墩构件的组装	70	第3章
S-14	S14 桥梁钢筋建模1	78	第3章
S-15	S15 桥梁钢筋建模2	78	第3章
S-16	S16 Dynamo 软件基础操作	85	第4章
S-17	S17 Dynamo 软件与 Revit 交互	91	第4章
S-18	S18 Dynamo 参数化建模实例1	99	第4章
S-19	S19 Dynamo 参数化建模实例2	99	第4章
S-20	S20 斜拉桥建模过程	130	第5章
S-21	S21 悬索桥建模过程	148	第6章
S-22	S22 Dynamo 创建主拱	192	第7章
S-23	S23 Revit 创建腹杆	192	第7章
S-24	S24 基于 Revit 软件的工程量统计	198	第8章
S-25	S25 基于 Revit 软件导出优化图纸	200	第8章

资源编号	资源名称	对应本书页码	对应章节
S-26	S26 模型碰撞检查	208	第8章
S-27	S27 桥梁渲染教程	223	第9章
S-28	S28 桥梁工艺模拟	246	第10章
S-29	S29 开发桥梁快速建模系统	256	第11章
TA-01	TA01 第2章案例图纸	56	第2章
T-01	T01 第2章操作题图纸	56	第2章
T-02	T02 第3章操作题图纸	79	第3章
T-03	T03 第4章操作题图纸	102	第4章
T-04	T04 第5章操作题图纸	130	第5章
T-05	T05 第6章操作题图纸	149	第6章
T-06	T06 第7章操作题图纸	192	第7章
DH-01	DH01 第10章操作题施工动画	247	第10章
D-01	D01 创建插件面板和属性关键代码	253	第11章
D-02	D02 U形承台族的录入关键代码	253	第11章
D-03	D03 U形承台的使用关键代码	253	第11章
D-04	D04 MEP创建关键代码	255	第11章
D-05	D05 用户信息输入关键代码	255	第11章
D-06	D06 族构件的上传关键代码	255	第11章
D-07	D07 编程实战作业答案	256	第11章

说明：J代表教学资源，Z代表桥梁族，M代表慕课，S代表教学视频，TA代表案例图纸，T代表图纸，DH代表动画，D代表代码。

资源使用说明：

1. 扫描封面二维码(注意每个码只可激活一次)；
2. 关注"交通教育"微信公众号；
3. 公众号弹出"购买成功"通知，点击"查看详情"进入后即可查看资源；
4. 也可进入"交通教育"微信公众号，点击下方菜单"用户服务"—"开始学习"，选择已绑定的教材进行观看。

目录

第1章 绪论 ··· 1
  1.1 BIM 技术概述 ··· 1
  1.2 BIM 政策与标准 ·· 3
  1.3 常用 BIM 建模软件 ·· 5
  1.4 BIM 技术在桥梁工程中的应用 ·· 10
  思考题 ··· 18

第2章 Revit 软件的基本功能及操作 ·· 19
  2.1 Revit 软件介绍 ·· 19
  2.2 Revit 软件界面介绍 ·· 20
  2.3 Revit 视图控制 ·· 25
  2.4 标高与轴网的创建 ·· 27
  2.5 基础的绘制 ·· 31
  2.6 墙柱的绘制 ·· 35
  2.7 结构梁的绘制 ··· 38
  2.8 建筑墙的绘制 ··· 40
  2.9 门窗的绘制 ·· 43
  2.10 楼板及楼梯洞口的绘制 ··· 45
  2.11 楼梯的绘制 ··· 46
  2.12 屋顶的绘制 ··· 49
  2.13 常规模型族的创建 ··· 52

2.14 概念体量的创建 ····· 54
思考题 ····· 56
操作题 ····· 56

第3章 Revit 创建桥梁构件族 ····· 57
3.1 Revit 族库 ····· 57
3.2 桥梁 BIM 构件基础族库的创建 ····· 59
思考题 ····· 79
操作题 ····· 79

第4章 Dynamo 参数化建模 ····· 80
4.1 Dynamo 软件介绍 ····· 80
4.2 Dynamo 软件界面介绍 ····· 83
4.3 常用节点功能介绍 ····· 86
4.4 Dynamo 桥梁建模应用 ····· 91
思考题 ····· 102
操作题 ····· 102

第5章 斜拉桥建模实例 ····· 103
5.1 案例概述 ····· 103
5.2 斜拉桥族的创建 ····· 104
5.3 创建整体项目 ····· 122
思考题 ····· 130
操作题 ····· 130

第6章 悬索桥建模实例 ····· 131
6.1 案例概述 ····· 131
6.2 悬索桥族的创建 ····· 132
6.3 创建整体项目 ····· 143
思考题 ····· 149
操作题 ····· 149

第7章 拱桥建模实例 ····· 150
7.1 案例概述 ····· 150
7.2 拱桥构件族的创建 ····· 151
7.3 模型组装及渲染 ····· 191

思考题 192
　　操作题 192
第8章　基于 Revit 及 Navisworks 软件的模型优化 193
　8.1　基于 Revit 软件的工程量统计 193
　8.2　基于 Revit 软件导出优化图纸 198
　8.3　模型碰撞检查 200
　　思考题 208
　　操作题 208
第9章　Lumion 软件制作漫游动画 209
　9.1　Lumion 软件介绍 209
　9.2　操作介绍 210
　9.3　案例介绍 213
　　思考题 223
　　操作题 223
第10章　3D Studio Max 软件制作桥梁施工动画 224
　10.1　3D Studio Max 软件简介 224
　10.2　与 Revit 软件交互 233
　10.3　动画制作 236
　　思考题 246
　　操作题 247
第11章　基于 Revit API 开发桥梁快速建模系统 248
　11.1　Revit 二次开发 248
　11.2　基于 Revit API 开发桥梁快速建模板块 250
　　思考题 256
　　操作题 256
参考文献 257

第1章 绪论

本章主要介绍建筑信息模型(BIM)技术的基础知识。读者通过本章内容的学习可了解建筑信息模型(BIM)技术的基本概念与特点等。

1.1 BIM 技术概述

1.1.1 BIM 的概念与 BIM 技术发展

20 世纪 70 年代,美国乔治亚理工学院 Chuck Eastman 借鉴制造业的产品信息模型,提出可以采用计算机三维模拟仿真技术对建筑工程的可视化和全周期进行量化分析,这是建筑信息模型(Building Information Modeling,BIM)的思想起源。20 世纪 80 年代,芬兰学者对计算机模型系统深入研究后,提出"Product Information Model"系统。2002 年,美国 Autodesk 公司提出 BIM 并推出了 BIM 软件产品,此后全球另外两个大软件开发商 Bentley、Graphisoft 也相继推出了 BIM 产品。从此,BIM 从一种理论思想变成了用来解决实际问题的数据化的工具和方法。

2003 年,美国国家标准技术研究院对 BIM 的定义为:BIM 是指以三维数字技术为基础,集成了建筑工程项目各种相关信息的工程数据模型,是对工程项目设施实体与功能特性的数字化表达。在这里，信息不仅是几何形状描述的视觉信息，还包含大量的非几何信息，如材料的耐火等级、材料的传热系数、构件的造价、采购信息等。因此，BIM 技术的核心是指在 3D 数字信息技术的基础之上，建立包含工程项目建设中各项信息的工程结构模型。BIM 技术具有可视化、模拟性、优化性、协同性等特点。在实际工程中，BIM 技术通过对项目周期内各项信息的集成，形成完整的信息化协同平台，为项目各参与方提供有效的信息和依据，使其各项决策及协同管理更加高效、顺利，从而为项目建设带来积极效应。传统项目建设由 CAD 二维建设模式主导，但随着 BIM 技术的发展，其三维建设模式的优势越发凸显，逐渐成为项目全周期的新主导模式，项目建设逐渐从二维设计跨入三维全生命期管理。通过三维数字设计和协同管理模式，能够打通项目建设各专业之间的"信息孤岛"，BIM 技术为项目全周期各阶段提供信息可视化的管理手段，进而极大提高项目质量、缩短项目周期和节约成本。

BIM 技术目前已被大量应用于房屋建筑工程中，并在房屋建筑工程技术的革新方面发挥了积极的作用，但桥梁工程中的 BIM 应用研究在 21 世纪初才开始，相对滞后于在建筑行业中的应用研究，还有待加强。作为一种常见的建筑结构，桥梁结构中异形构件较多，具有施工和计算复杂、体量大、路线长的特点，大跨度桥梁的设计与施工技术又最为复杂。由于这些客观原因的存在，桥梁工程信息化发展暂时落后于 BIM 在工业与民用建筑领域的发展。

1.1.2 BIM 技术特点

BIM 技术具有以下四个特点：

(1) 可视化。

可视化是一种同构件之间能够形成互动和反馈的性质，即"所见即所得"，是基于 BIM 技术的可视化模型与传统 2D 平面图纸的最大区别之一，传统 2D 平面图纸上的各个构配件信息采用线条绘制表达，BIM 技术将 2D 平面图纸转变为 3D 的可视化模型，让点、线、面变成了柱、梁、墙、门、窗和屋面等，使得项目各参与方能够对建筑整体一目了然，而且此模型构件还具有属性等信息。可视化不仅体现在效果图的展示和报表的生成中，更重要的是项目决策、设计、建造、咨询和运维过程中的沟通和讨论都在可视化的状态下进行，基于 BIM 技术的可视化模型提高了项目各参与方的沟通效率。

(2) 模拟性。

基于 BIM 技术的 3D 模型可以实现数据的关联互动，任何一个设计参数发生变化，其他图形的参数也会发生相应变化，可以将建筑的整体变化直观展示出来。在 3D 模型可视化功能基础上集成时间维度相关信息 (4D 模型)，可以进行虚拟施工，以确定合理的施工方案来指导施工，并直观、快速地将实际进度和计划进度进行对比，便于项目建设相关方了解项目实施的情况，对项目的质量、进度和安全性进行有效的控制。在 4D 模型的基础上集成造价管理相关信息形成 5D 模型，可以快速生成项目的成本计划，便于项目的投资管控。此外，利用 BIM 技术还可以对从设计规划到施工甚至是后期运维进行真实的模拟，如设计阶段的节能模拟、日照模拟、热能传导模拟和运维阶段的紧急疏散模拟等。

(3) 优化性。

项目的决策、设计、施工和运营本身就是一个不断优化的过程，BIM 提供了建筑物的几何信息、物理信息、规则信息等现实信息，也提供了建筑物集成进度数据和成本数据后变化的趋势信息，因此利用 BIM 技术及其各种优化工具可以对复杂的建设项目进行优化。如将项目设计和投资回报分析相结合可以进行项目方案优化,实时计算项目设计变化对投资回报的影响,项目业主可以确定比较有利于自身需求的设计方案。由于幕墙、屋面、空间等异形结构的投资和施工难度比较大,利用BIM技术对这些异形结构的设计和施工方案进行优化,可以带来显著的工期优化和造价控制效果。

(4)协同性。

项目建设需要各参与方之间的协调、合作和配合,涉及单位内部各部门之间的配合以及不同专业之间的配合。利用BIM技术可视化和模拟性的特点可以为不同单位、不同部门和不同专业提供有效的信息服务,通过对具体问题的分析、研究,可以打破各环节和工作中存在的"信息孤岛"。如在设计阶段通过各专业的协同对各专业的碰撞问题进行协调,生成协调数据;此外,还可以借助基于BIM技术搭建项目管理平台[如福建晨曦信息科技股份有限公司或广联达科技股份有限公司等全资(咨)管控平台],建立"云平台+各方参与+BIM工程项目全过程总控"管理机制,从根本上解决项目全生命期各阶段和各专业系统间信息断层问题,全面提高从策划、设计施工、技术到管理的信息化服务水平和应用效果。

1.2 BIM政策与标准

1.2.1 国外BIM政策

在BIM发展比较成熟的美国、英国、日本等国,其政府或行业协会主要在政策方面大力推动了BIM发展,先后发布了系列BIM标准及具体的技术政策。2012年5月,美国发布了国家BIM标准(第二版),形成了较为完整的BIM标准体系,随后,英国、芬兰、加拿大、挪威和新加坡也相继发布了相应的BIM标准。从政府和学术组织的角度出发来制定BIM标准和指南,标准发布后工程项目管理得到了高效发展。

在工程项目中,经常需要多个工程软件协同完成任务,不同数据之间就会出现数据交换和共享的需求。数据交换标准即IFC(Industry Foundation Class,工业基础类)标准,作为最早的行业推荐性标准之一,规定了建筑产品数据表达标准,通过设置一个公共统一的数据表达与存储方法解决了不同软件之间兼容的问题。然而,随着BIM技术的应用与推广,信息共享与传递过程中对数据的完整性和协调性的要求越来越高,IFC标准已无法完美解决此类问题,进而出现了能够将项目指定阶段的信息需求进行明确定义以及将工作流程标准化的标准——IDM(Information Delivery Manual,信息交付手册)。IDM能够减少工程项目过程中信息传递的失真,提高信息传递与共享的质量,能够在BIM技术运用过程中创造巨大价值。

2007年,美国基于IFC标准编写了第一部完整的具有指导性和规范性的标准——NBIMS(National Building Information Model Standard,国家建筑信息模型标准)。NBIMS的核心原理和机制包括:相关技术标准的引用、建筑信息分类标准、一致性规范;针对建筑全生命期不同业务活动的业务流程和交换需求的信息交换标准;针对业务流程中的数据建模、管理、交流、项目执行和交付的BIM实施标准。如果说IFC标准实现了大量不同工程软件之间的信息转化与传递的标准化,那么NBIMS则主要实现了整个项目生命周期不同专业、不同项目阶段、不同机构参与方的信息交流与共享。

日本建设领域信息化的标准为 CALS/EC(Continuous Acquisition and Lifecycle Support/Electronic Commerce,持续采办和全生命期支持)标准,主要内容包括工程项目信息的网络发布、电子招投标、电子签约、设计和施工信息的电子提交、工程信息在使用和维护阶段的再利用、工程项目业绩数据库应用等。该项标准的出现体现出 BIM 技术在工程项目中的全局参与性。

ISO 12006-2 是国际标准化组织为各国建立自己的建筑信息分类体系所制定的框架,它对建筑信息分类体系的基本概念、术语进行了定义,并描述了这些概念之间的关系,然后提出建筑信息分类体系的框架,即分类表的组成和结构,但没有提供具体的分类表,此标准是对多年以来已有的各种建筑信息分类系统的提炼。

1.2.2 我国 BIM 政策与标准发展

我国在 BIM 研究方面起步比较早,1998 年国内专业人员开始接触和研究 IFC 标准,但是相关政策与标准出台较晚。2011 年,住建部发布《2011—2015 年建筑业信息化发展纲要》,第一次将 BIM 纳入信息化标准建设内容;2015 年推出《关于推进建筑信息模型应用的指导意见》,2016 年发布《2016—2020 年建筑业信息化发展纲要》,BIM 成为"十三五"时期建筑业重点推广的五大信息技术之首;2017 年,国家和地方加大 BIM 政策与标准落地力度,《建筑业 10 项新技术(2017 版)》将 BIM 技术列为信息技术之首。

目前已推行的国家层面的 BIM 标准体系主要分为三层,第一层是作为最高标准的《建筑信息模型应用统一标准》(GB/T 51212—2016),它对 BIM 模型在整个项目生命周期里该如何建立、如何共享、如何使用,做出了统一的规定。第二层是基础数据标准,包括《建筑信息模型分类和编码标准》(GB/T 51269—2017)和《建筑信息模型存储标准》(GB/T 51447—2021),对 BIM 信息的分类、编码和存储进行标准化。第三层为执行标准,即《建筑信息模型设计交付标准》(GB/T 51301—2018)、《制造工业工程设计信息模型应用标准》(GB/T 51362—2019)、《建筑信息模型施工应用标准》(GB/T 51235—2017),规定了在设计、施工、运维等各阶段 BIM 具体的应用,包括 BIM 设计标准、模型命名规则、数据交换方式、各阶段单元模型的拆分规则、模型的简化方法、项目交付方式及模型精细度要求等具体内容。

在国家级 BIM 标准不断推进的同时,各地也针对 BIM 技术应用出台了部分相关标准,比如福建省住建厅于 2017 年 12 月颁布《福建省建筑信息模型(BIM)技术应用指南》。这些标准、规范、准则共同构成了中国 BIM 标准。随着这些 BIM 标准的陆续出台和不断完善,我国的 BIM 应用水平不断提升。

1.2.3 我国桥梁工程 BIM 政策与标准

目前,专门针对桥梁工程相关的标准还处在较为匮乏的状态,大部分被包含在公路标准中。2010 年,住建部发布《城市三维建模技术规范》(CJJ/T 157—2010),桥梁建模有了规范与标准。2017 年,交通运输部办公厅印发了《推进智慧交通发展行动计划(2017—2020 年)》,明确了智慧交通发展的工作思路、主要目标和重点任务,提出要有效提升交通运输数字化、网络化、智能化水平。

2021 年,交通运输部连续发布了《公路工程设计信息模型应用标准》(JTG/T 2421—2021)、《公路工程施工信息模型应用标准》(JTG/T 2422—2021)、《公路工程信息模型应用统一标准》(JTG/T 2420—2021)三部公路工程 BIM 应用标准。《公路工程信息模型应用统一标准》作为公路工程 BIM 系列标准中的基础数据标准,目的是规范全生命期公路工程应用 BIM 技术的要求,适用于公路工程设计、施工和运维等阶段,覆盖路线、路基、路面、桥涵、隧道、交通工程及沿线设施,以及地形地质专业。《公路工程设计信息模型应用标准》作为公路工程 BIM 系列标准中的应用设施标准,目的是规范公路工程设计期应用 BIM 技术的要求,适用于工程可行性研究、初步设计、技术设计和施工图设计阶段,覆盖路线、路基、路面、桥涵、隧道、交通工程及沿线设施,以及地形地质专业。

2022 年 1 月,交通运输部发布《公路"十四五"发展规划》,再次强调要推动公路工程数字化、智能化升级改造,建设智慧公路;开展百年品质工程创建示范,推动基础设施安全性、耐久性不断提升。

1.3 常用 BIM 建模软件

随着工程项目复杂性增强,其对专业性的要求也不断提高。不论在哪个工程领域,要实现高度专业化,都需要通过多个专业软件来协同完成项目设计工作。在 BIM 技术应用方面也是一样,联合运用多种软件,取其优势,协同作业,能提高效率。一个项目要充分发挥出 BIM 价值需要运用的 BIM 软件经常达到十几个到几十个之多。目前 BIM 领域主要有四大软件研发公司,分别是 Autodesk 公司、Bentley 公司、Dassault 公司和 Tekla 公司。这四大公司研发的 BIM 软件平台各有其优缺点,适用于不同的结构建模。顺应当前 BIM 技术应用趋势,国内企业也相继开发各类 BIM 软件。

1.3.1 Autodesk 系列软件

Autodesk 系列软件是美国 Autodesk 公司研发的 BIM 系列软件,主要应用于工程建设、作品设计与制造、传媒和娱乐等领域。其在建筑与基础设施的设计和施工方面适用性较强,但在处理桥梁建模方面仍存在很多问题。公司旗下软件主要有 Revit、Navisworks、InfraWorks 等。其中最为通用的是 Autodesk Revit 软件,分为 Revit Architecture、Revit Structure 和 Revit MEP 三个模块,分别对应工程项目中的建筑设计、结构设计和机电设计三个模块,也可应用于钢结构、幕墙等专业设计。

Autodesk Revit Architecture 模块主要负责在 CAD 二维图纸基础上完成三维模型的建立,生成的三维模型主要是梁、板、柱、墙、屋面、楼梯、门、窗、内设家具等,并对应录入所需材料,如图纸材质及厚度等,在生成三维模型后发现设计不合理之处,只需在一张图纸上进行修改,其余相关的图纸信息将自动更新,保证同步,避免了设计师因为局部的改动而去修改全部的图纸。而 Autodesk Revit Structure 模块主要侧重于设计出更合理、更精确的建筑结构,便于结构设计师通过模拟和分析该项目,在开工前预测建筑性能。

Autodesk Revit MEP 模块是专门服务暖通、电器、给排水设计的软件,根据二维图纸,绘制三维模型,根据用途设置不同的管线颜色以便区分,建模完成后可以进行碰撞检查,形成碰撞报告。对于管线与结构部分有冲突、设计不合理且二维图纸中不能直观看到的部分,可以通过三维的碰撞检测功能检测出来,提前进行设计和修改,有效地规避了施工后发现问题可能造成的损失。

Autodesk Revit 系列软件在 BIM 模型构建过程中主要有三个特征:一是具备智能设计优势,设计过程实现参数化管理,提供了 Dynamo 可视参数化建模;二是给工程项目的各参与方提供了全新的沟通平台;三是 Revit 软件可以按照建筑师和设计师的思路,进行更高质量、更加精确的建筑设计。

除了 Autodesk Revit 核心建模软件,Autodesk BIM 系列软件还有 Navisworks、3D Studio Max(即 3ds Max)等,Navisworks 主要用于模型集成、模型查看浏览、简单动画制作,3ds Max 主要用于效果图渲染、动画制作。在民用建筑市场借助 AutoCAD 的天然优势,Autodesk 公司有相当不错的市场表现,在国内也属于主流软件,本教材内容也主要基于该系列软件。

1.3.2 Bentley 系列软件

对于 Bentley 系列软件体系架构,官方主要运用于四大领域,分别是:Geospatial(地理空间信息)、Civil(土木工程)、Building(建筑)、Plant(工厂)。每个领域都涉及大量的应用软件,而且领域与领域之间也存在软件的通用和交叉。这些软件主要基于两大技术平台,一个是信息模型平台 Micro Station 平台,另一个是 BIM 协同平台 Project Wise 平台。Micro Station 和 Project Wise 是覆盖 Bentley 的全面软件应用产品组合的强大平台。企业通过使用这些产品,在全球重要的基础设施工程中执行关键任务。

Micro Station 是 Bentley 的旗舰产品,主要用于全球基础设施的设计、建造与实施,是一款与 AutoCAD 齐名的集成二维绘图和三维建模的软件,有着强大的建模功能和应用体系。它不仅是一款软件,也是 Bentley 公司所有建模软件产品的模型平台,所有软件产品都要依靠 Micro Station 建模技术的支撑,类似于国内的市政专业常用软件鸿业系列与 AutoCAD 的关系。

Project Wise 也是 Bentley 公司的一款主打产品,是一组集成的协作服务器产品,它可以帮助项目团队利用相关信息和工具,开展一体化工作。其协同功能非常强大,不仅支持本公司所有软件的协同工作,同时也支持其他公司的软件协同工作,例如 Revit 与 AutoCAD 也支持在工作中用到的其他相关软件,Microsoft 系列办公软件等。Project Wise 能够提供可管理的环境,在该环境中,信息能够安全地共享。

1.3.3 Dassault 系列软件

Dassault 系列软件是法国 Dassault 公司的产品。其核心建模软件 CATIA 软件是全球最高端的机械设计制造软件,在航空、航天、汽车等领域具有接近垄断的市场地位。当其应用于工程建设行业,无论是对复杂形体还是超大规模建筑,其建模能力、表现能力和信息管理能力都比传统的建筑类软件有明显优势,但缺少针对路桥隧的专门软件,存在大体量模型支持能力差、掌握需要大量的时间、上手慢、软件价格昂贵等不足。最明显的不足之处体现在工程建设行业项目及人员的对接上。

Gehry Technologies 公司在 CATIA 基础上开发的建筑类建模软件 Digital Project(简称 DP 软件),是专门面向工程建设行业的应用软件(即二次开发软件),对建模更有针对性,表现更优秀。Digital Project 软件是以 Dassault Systemes'CATIA 为核心的管理工具,能够处理庞大的建筑工程相关数据。Digital Project 核心软件有两项:Digital Project Viewer 及 Digital Project Designer。除此之外还有可扩充的相关软件,如 Photo Studio、Specialized Translators、Knowledge ware、Imagine & Shape、Primavera Integration、MEP/System Routing 等。另外，Digital Project 可供使用者自行撰写 API，加快模型的建立速度。Digital Project 软件较其他 BIM 建模软件具有更加优秀的三维交互建模功能，建模精度非常高，特别适用于复杂的异形结构建模。

1.3.4　Tekla 系列软件

Tekla Structures 是芬兰 Tekla 公司开发的钢结构详图设计软件，将三维模型创建与结构分析进行了充分的结合，能够实现钢结构细部、预制混凝土构件以及钢筋混凝土等的设计，并可以将其应用于钢结构工程从设计到施工的全过程信息化管理中。目前 Tekla Structures 已经成为 BIM 软件中使用最为广泛的软件之一，是以钢结构深化设计见长的三维建模软件，功能强大，具有交互式建模、结构分析、设计、自动 Shop Drawing 以及 BOM（Bills of Material，物料清单）表自动生成等功能。

由于 Tekla Structures 的二维图纸与报表均以模型为准，所创建的模型包含各种各样的信息，如材质、构件编号、零件编号等，在利用软件自动输出基于模型的各种报表及二维图纸时，输出文件能够与模型保持一致性，并且在对模型进行修改后，其相应的报表和二维图纸也会自动修改，软件使用者可以很便捷地观察到三维模型中的构件链接是否正确，从而在一定程度上减少图纸和报表的修改工作量。Tekla Structures 能够很好地应用于海上结构、工业厂房、住宅楼、桥梁、体育馆及摩天大楼的模型创建。

1.3.5　国产软件

为了适应我国 BIM 技术应用的现状和发展趋势，广联达、斯维尔、晨曦、鲁班等企业开发了各类 BIM 软件，应用于项目决策、设计、造价管理、项目管理等。下面以晨曦与广联达两家企业为例对国产软件做介绍。

（1）晨曦 BIM。

福建晨曦信息科技集团股份有限公司为客户提供的是以工程造价、工程管理、BIM 技术应用为核心的软件产品和解决方案——晨曦 AI & BIM 一体化解决方案。

晨曦 BIM 智能翻模软件抛开传统边线和标注图层提取的概念，结合施工顺序自动读取图纸内容，实现自动完成图纸整理、切割、构件识别转换，使建模效率实现质的飞跃。

晨曦 BIM 智能算量软件包含晨曦 BIM 土建、晨曦 BIM 钢筋、晨曦 BIM 安装三个模块，能够在已有模型的基础上，根据土建、钢筋与安装模块内置的全国清单定额以及计算规则，实现快速工程计算、材料提量、钢筋布置、碰撞应用、集成数据等 BIM 技术应用。突破 Revit 平台上复杂构件难以布置实体钢筋的难点，实现实体钢筋快速布置和出量，同时满足预算和施工下料；应用 BIM 机电设计快速出量，建立完整模型与施工各环节实现信息共享，实现计量过程智能化、可视化、精准化。无缝对接全新计价平台，结合 BIM、云计算、大数据等信息技术，支持工程概算、预算、结算，审核全过程造价业务应用，让造价工作更高效、更智能。

该软件以 BIM 模型为载体、工程进度为主线、投资管控为核心，通过以进度控制、成本控制、质量控制、风险管理、合同管理以及资产管理为目标的工程项目总控管理，搭建对工程项目投资的全过程实行精细化管理的基于晨曦 BIM 轻量化图形引擎的 5D 管理平台。晨曦 BIM 生态圈见图 1-1。

图1-1 晨曦BIM生态圈

(2)广联达BIM。

广联达科技股份有限公司是国内工程建设信息化领域首家A股上市公司。广联达数字设计基于数字建筑理念,基于国产化自主平台,打造更符合我国本土设计师使用习惯的建筑、结构、机电专业设计软件。通过云端的协同设计平台链接全专业设计数据,提高协同设计质量,保证整体设计效率。基于广联达数维房建设计产品集,以设计数据标准为核心,采用"云+端"的产品架构为用户建立全专业协同设计环境。通过数据实时共享和精准传递,实现多专业设计协调一致,提升项目整体设计效率和质量。借助三维与二维融合设计方式,降低使用门槛,帮助用户以更快捷顺畅的方式实现BIM正向设计,如图1-2所示。

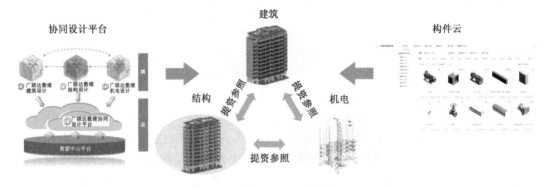

图1-2 广联达BIM正向设计

广联达数字造价是广联达核心业务之一,其架构如图1-3所示。作为工程造价领域数字化合作伙伴,深入研究云计算、大数据、AI等技术,为咨询方、建设方、施工方、造价站、交易中心等客户提供端云大数据一体化解决方案。广联达端云大数据一体化解决方案助力企业数字化,利用BIM、云计算、大数据、人工智能等技术,打通全过程、全专业、全范围的业务数据和市场数据,历史数据有效沉淀、发挥二次效益,从而实现造价编制计量、计价一体化应用,推动造价工作提质增效,最终实现以目标成本为导向的全过程造价管理。

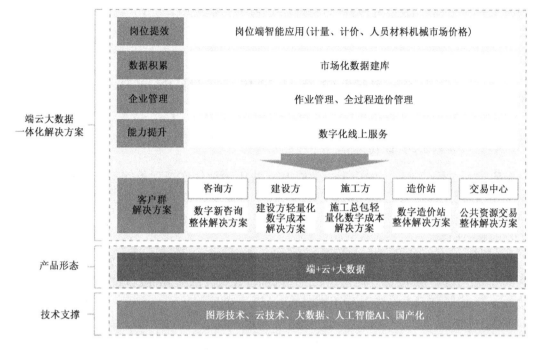

图 1-3 广联达数字造价架构

广联达数字施工依托施工企业自身的数字化转型战略(图 1-4),以"数字项目集成管理平台"的各项技术、业务和数据能力为支撑,为有良好的标准化基础且希望通过数字化手段实现"多、快、好、省"的企业经营和项目管理的施工总包企业提供一站式服务。

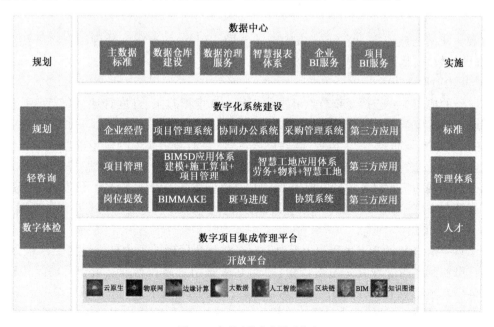

图 1-4 广联达数字化转型战略

国产 BIM 软件因地制宜，积极提高其软件在建筑行业中的易用性及生产效率，在造价、运营、项目管理等方面有着越来越突出的表现。但是国产软件的局限性在于它们必须依附于某一种既有 BIM 生态系统（一般为 Revit）存在。国内企业想要开发并推广完全独立自主的 BIM 生态系统，仍然任重而道远。但是随着我国信息技术的发展，我们有信心取得突破。

1.4 BIM 技术在桥梁工程中的应用

1.4.1 BIM 技术在桥梁工程中的应用点

BIM 技术在桥梁工程中的应用通常以 BIM 应用为载体实现项目管理信息化，提升项目实施效率，提高工程质量，缩短建设工期，降低建造成本。按不同的阶段划分，主要应用点如下：

（1）规划阶段。

目前，规划阶段的应用主要是基于 BIM 的可视化特点进行快速展示，如道路地形分析、道路选线方案比选、虚拟仿真漫游，对规划设计师的设计想法基于 BIM 的可视化特点进行快速、直接的表示，设计师可以向其他人更清晰地表达设计意图。

（2）设计阶段。

设计阶段主要是基于 BIM 软件的价值点，如桥梁结构（桩基、承台、墩柱等）参数化建模、族库（模板）搭建、二维图纸设计复核（差错漏项）、基于模型工程量统计、正向设计、与有限元软件结合、辅助二维出图等。但考虑二维出图多基于 BIM 软件本身自动生成，且目前 BIM 设计多数是基于二维的翻模，因此二维出图仅是价值点的探索，对设计本身应用有待深入研究；工程量统计本身对应于精细化建模，模型精度若达不到相应的要求，工程量统计结果仅可作为参考。

参数化建模与族库搭建有利于 BIM 设计成果的积累；与有限元软件结合将避免重复建模，提高分析效率，是设计阶段未来探索的重点。

（3）施工阶段。

本阶段的应用主要包括复杂节点可视化交底、4D 虚拟施工、进度管理、信息管理、移动端管理、施工监控、安全质量管理、成本管理、人机料管理、二维码管理、施工动画模拟、施工方案模拟、施工场地规划布设、施工监控、物联网技术等，目前施工阶段的应用重点在于可视化交底、4D 虚拟施工、进度管理。施工阶段仅依靠 BIM 软件，无法满足现场管理需求，必须结合现场施工经验和现场实际情况才能发挥出 BIM 在路桥行业中的价值。因此，研发或采用适合的 BIM 管理平台系统，实现数据收集和信息集成管理，是未来 BIM 在施工阶段应用的重要方向。

（4）运维阶段。

由于近年来 BIM 的知名度迅速上升，信息化、精细化管理的理念被广泛接受，加之路桥行业一直以来粗犷式的管理方式急需转变，因此 BIM 被引进路桥行业。由于目前路桥行业对 BIM 的运用基本集中于规划、设计、施工阶段，或者更多的是基于某一个阶段的单一运用，对于运维阶段的应用鲜见，部分企业基于运维管理需求，对运维管理系统进行了试探性的开发，但效果甚微，因此，BIM 技术在路桥行业运维阶段的价值还有待探索与发现。

1.4.2 BIM 技术在桥梁工程中的应用案例

基于越来越多的学术研究以及越来越完善的政策与标准,近几年国内相关企业的 BIM 技术应用相当广泛,先后出现不少实际工程应用案例。本书以平潭海峡公铁两用大桥(图 1-5)为案例展示桥梁工程 BIM 应用过程。

图 1-5　平潭海峡公铁两用大桥

平潭海峡公铁两用大桥是我国首座跨海公铁两用桥,也是世界上最长的跨海公铁两用大桥。全长 16.34km,共跨越三条航道,均采用钢桁混合梁斜拉桥结构,总投入 120 亿元,共使用 30 万 t 钢铁、266 万 t 水泥。大桥上层为设计时速 110km 的 6 车道高速公路,下层为设计时速 200km 的双线 I 级铁路。整座大桥设计复杂,施工环境复杂恶劣,附属设施种类繁多、数量庞大。整个施工过程困难繁杂,传统的工程施工管理手段很难满足全生命期管理的需求。因此针对该桥型施工特点,进行了 BIM 技术应用。

(1)建立 BIM 三维模型。平潭海峡公铁两用大桥 BIM 模型以设计图纸为依据,按照桥梁的成桥状态进行建模。钢结构部分建模按照设计图纸中板件、构件、螺栓建立精细模型。桥梁主体结构(包括钢结构、混凝土结构)主要使用 Revit 进行核心建模,斜拉桥采用 Dynamo 进行参数化建模,提高建模的精度与速度。由于项目模型过大,整合项目模型时采用 Autodesk Navisworks 软件,方便查看。在建模阶段采用并行工作方式,首先根据桥梁结构的特点,建立目标区域的桥轴线,然后根据桥跨布置和节段划分,确定基准轴网。在工作详细分解后,各参与人员以各区段为基础进行建模,以保证构件空间位置的正确性。全桥 BIM 模型如图 1-6 所示。

图 1-6　平潭海峡公铁两用大桥 16.34km 全桥 BIM 模型

（2）效果展示。真实呈现平潭海峡公铁两用大桥实际工作空间状态。如图1-7、图1-8所示。

图1-7 主桥渲染图

图1-8 风屏障仿真图

（3）图纸审查。为减少设计差错漏项，对复杂安装和维修空间进行预先检查。图1-9所示为箱梁截面二维图纸，建立对应的三维模型（图1-10）后，进行空间的检查。根据BIM模型发现上人爬梯预留空间难以通行（图1-11），调整后检修人员可穿行（图1-12）。

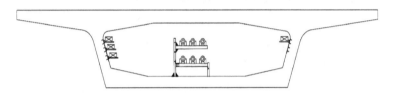
图1-9 箱梁截面二维图纸

图1-10 对应的三维模型

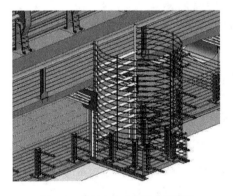
图1-11 设计中上人爬梯空间不够

图1-12 调整后的上人爬梯

(4)碰撞检查。提前发现结构设计及施工空间的冲突点,有效避免建设过程中的返工。共计检查出设计图纸中风屏障立柱与螺帽相碰 4048 处(图 1-13)、接触网拉线立柱碰撞 119 处、钢梁接触网立柱碰撞 119 处、公路防撞栏与风屏障碰撞 18442 处。节省了大量的施工、返工修复的费用。

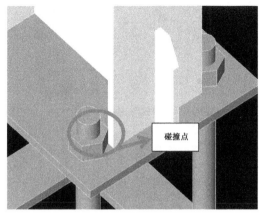
a)铁路风屏障与螺帽存在相碰

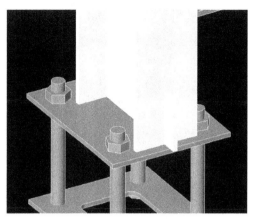
b)调整后铁路风屏障基座

图 1-13 风水管定位 U 形螺栓背面与障条冲突

(5)优化设计。模拟不同设计方案,进行方案比选。如模拟混凝土箱梁梁端通道及下墩爬梯,混凝土梁区段的下墩爬梯与避车台相邻,均位于风屏障外侧。在避车台取消的情况下,工作人员难以从桥面直接到达爬梯。因此优化了梁端进人孔之间的检修通道及下墩爬梯,对初步方案进行位置模拟。工作人员可通过各混凝土梁区段的两端进入箱梁内部,在箱梁内通行,通过走道平台跨越梁缝,通过下墩爬梯到达墩顶,如图 1-14 所示。如图 1-15 所示,BIM 模型可展示构件的体积、质量等信息。因此,可通过查看不同方案的体积、质量,选择更合适的方案,以满足承载力。

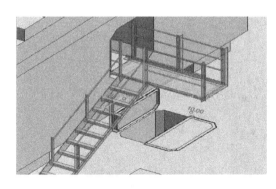

图 1-14 混凝土梁区段下墩爬梯方案修改图

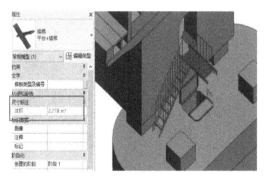

图 1-15 查看体积等信息

(6)可视化交底。对于标准的节点和构件进行参数化设计,形成参数化节点和参数化零件。根据三维模型,加工预制构件(图 1-16)。对复杂节点进行放样模拟(图 1-17、图 1-18)。

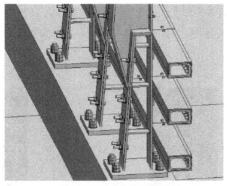
a)公路防撞栏与风屏障放样图

b)调整后公路防撞栏与风屏障实体图

图1-16　加工预制公路防撞栏与风屏障

图1-17　钢梁区段到混凝土梁区段布设放样

图1-18　风水管路的布设放样

（7）BIM-4D模拟施工流程。如图1-19所示，对桥梁整体的施工进度进行动态模拟。分析不同时间段资源需求。

图1-19　BIM-4D模拟施工流程

(8)模型轻量化。对竣工模型进行轻量化处理,完成平潭海峡公铁两用大桥 BIM 运营模型,进行 VR 展示(图1-20)。

a)墩内检查措施　　　　　b)混凝土梁　　　　　c)钢混对接

图1-20　模型轻量化处理后进行 VR 展示

(9)基于 BIM 技术的平潭海峡公铁两用大桥附属设施运维管控系统(图1-21),对桥梁附属设施进行从施工到运维的全方位管理。

a)界面

b)系统

图1-21　平潭海峡公铁两用大桥附属设施运维管控系统

平潭海峡公铁两用大桥项目采用了BIM技术，实现了节约造价，缩短工期，加快信息化建设的步伐，并推动桥梁设施运维管理水平的提升，取得卓越成效。

随着BIM技术的发展，越来越多的桥梁工程应用了该技术。但是，相比于其他建筑领域，BIM技术在我国桥梁领域的应用总体来说尚处于起步阶段，这不仅体现在本土化桥梁BIM建模软件的缺乏，同时也体现在桥梁工程领域的BIM理论与BIM规范支撑不足，以及基本的桥梁BIM构件资源极其匮乏，从而导致目前BIM技术在桥梁工程中的应用仍处在探索阶段。目前各个单位均在培养BIM团队，同时也对一些工程应用进行了尝试与探索。总体来说，我国对BIM技术在桥梁工程的应用大多停留在参数化设计层面，想要在桥梁工程全生命期内达到理想的BIM应用水平依然需要做更多的研究工作。

1.4.3　BIM技术在桥梁工程中的应用意义

桥梁工程是指供公路、城市道路、铁路、渠道、管线等跨越水体、山谷或彼此间相互跨越的工程构筑物。不同于一般的建筑结构，桥梁工程作为国家交通基础建设系统的重要组成部分，为满足人们在日常出行中对于时间、空间方面的需求，桥梁结构往往存在线形设计复杂、异形构件多、覆盖范围广、施工难度大、施工工期长等多方面特点。

桥梁工程采用BIM技术具有较大的意义。首先，在工程建设中，一般来说，桥涵的平均造价占公路总造价的10%～20%，在山区和其他高等级公路中的占比更大。其次，在技术方面，桥梁的技术难度一般比公路土方工程大，机械设备使用较多，对技术人员的数量需求较大且要求也较高。再者，随着信息技术的不断发展和公路交通行业标准化管理要求的提高，传统的材料管理模式已经不能满足桥梁建筑材料精细化管理的需求。因此，如何将BIM技术有效地应用到桥梁施工过程中，成为相关企业迫切需要解决的重要问题。桥梁工程中采用BIM技术优势很明显。

（1）提高生产效率，节约成本。

BIM技术所提供的协同设计、参数化设计功能，能有效地优化桥梁结构设计，避免施工环节的重复交底，既节省时间和人力成本，又能够保证施工效率，预制化程度大大提高。BIM能够代替传统图纸移交给施工单位，便于设计方和施工方更为有效地沟通。

（2）提高工程造价的准确性。

基于BIM模型的工料计算相比于基于2D图纸的预算更为准确，而且更多的工作由计算机完成，与传统的工程造价计算相比，除去了冗长繁杂的手工计算和数据采集工作，提高了效率，通过BIM计算也能够更直观地看出工程各项收入与支出，便于调整。

（3）有助于工程的管理、养护与控制。

BIM竣工模型传递到工程运营管理单位，能为其日常的常规运营管理、安全管理、养护维修等工作带来便利，同时也带来了先进的工程进度管理与质量控制模式，业主可利用BIM技术输出的可视化效果，监视工程进度，校验工程完成的质量。

1.4.4　BIM技术在桥梁工程应用中存在的问题

（1）软件本土化程度低。

桥梁工程BIM建模以Revit、CATIA和Tekla三款软件为主，道路建模以Revit和Civil 3D

两款软件为主。若按桥梁材质划分,混凝土桥梁以 Revit 为主,Tekla 专长于钢桥,CATIA 在钢桥和混凝土桥梁中都有成熟应用,特别是异形或复杂构型的钢结构。

从前述的软件介绍中也可以看到,现阶段国内还没有本土化的 BIM 生态系统,需要依赖国外软件进行建模。建模人员不论选择哪个平台的软件,在软件学习使用过程中均需要耗费大量时间。

(2)软件专业性不足。

桥梁与道路工程属线状构筑物,元素空间构造复杂度不高,但是对形状及曲线准确度要求高,而目前市场上没有一套完整成熟的桥梁建模软件,导致模型精度不足,钢筋精度更加无法保证,模型部分数据受到质疑。建模者为了使软件功能更契合桥梁建模的需求,不得不进行一些二次开发工作,这在一定程度上影响了建模效率。

(3)桥梁构件族库资源缺乏。

受软件及 BIM 技术应用程度的限制,现阶段市面上虽也出现了一些二次开发插件,提供一系列相关族库资源,但绝大多数都属于房建、机电等领域,针对桥梁工程领域的少之又少,且这些资源往往缺乏系统性和适用性,在质量、标准方面有很大不足。

(4)管理集成缺乏。

BIM 理念贯穿项目全生命期,但各阶段缺乏有效管理集成。BIM 给设计师带来可视化技术,但这只是 BIM 的一个层面。BIM 的精髓在于将信息贯穿项目的整个生命期,对项目的建造以及后期运营管理综合集成意义重大。在建设工程项目信息系统中,BIM 具有集成管理和全生命期管理的优势。目前 BIM 在我国的应用基本依赖个别复杂项目或出于某些业主的特殊需求,要充分发挥 BIM 信息全生命期集成优势,实现 BIM 深层次的应用,还需要做很多工作。但是相信随着技术的发展,这些困难将迎刃而解。

1.4.5　BIM 技术在桥梁工程中的应用与发展趋势

未来,BIM 技术的发展必须结合先进的通信技术和计算机技术才能够提高工程行业的效率,如与以下的技术相结合:

第一,移动终端的应用。随着互联网和移动智能终端的普及,人们现在可以在任何地点和时间获取信息。而在建筑设计领域,将会看到很多承包商为工作人员配备这些移动设备,工作人员在工作现场就可以进行设计。

第二,无线传感器网络的普及。现在可以把监控器和传感器放置在构筑物的任何一个地方,针对构筑物内的温度、空气质量、湿度进行监测,这些信息通过无线传感器网络汇总之后,提供给工程师就可以使其对构筑物的现状有一个全面充分的了解,从而为设计方案和施工方案提供有效的决策依据。

第三,云计算技术的应用。不管是能耗,还是结构分析,针对一些信息的处理和分析都需要利用云计算强大的计算能力。甚至可以使渲染和分析过程实现实时计算,帮助设计师尽快地在不同的设计和解决方案之间进行比较。

第四,数字化现实捕捉。通过激光扫描仪,可以对桥梁、道路、铁路等进行扫描,以获得原始的数据并直接生成 3D 模型,而未来设计师可以基于 3D 模型通过沉浸式交互式的方式进行工作。

第五，协作式项目交付。以数据为协作核心，以建设数据中心为基础，构建全生命期静、动态数据中心架构，通过多领域数据融合使用，打通壁垒，加速数据间的流动，进一步提高数据协作使用效率，推动项目各方的互联互通，实现城市间、行业间、企业间的数据流通共享以更大限度释放数字化应用价值。

BIM 和信息化技术是辅助桥梁管理的有效手段和工具。在应用 BIM 技术的探索中，将 BIM 理论与专业和项目实际相结合才能真正发挥 BIM 的价值，使企业的核心竞争力得以提升。

【本章节内容配有数字资源，资源编号为 M-01，请扫描封面二维码查看】

思考题

1-1 简述 BIM 的概念，并说说它与 CAD 创建的 3D 模型有何不同。

1-2 目前我国促进 BIM 发展的政策有哪些？对现有的 BIM 技术应用有哪些指导意义？

1-3 常用的 BIM 软件有哪些？各自适用于什么领域？存在什么样的优缺点？

1-4 在桥梁工程中应用 BIM 技术的意义有哪些？

1-5 阻碍 BIM 在国内发展的因素有哪些？

1-6 从建筑全生命期来思考 BIM 可以解决哪些行业障碍？

1-7 如何利用 BIM 的建筑数据产生商业价值？

第 2 章
Revit 软件的基本功能及操作

本章主要对 Revit 软件的基本功能和操作进行介绍,让读者对其有比较清晰的了解,能够进行简单的上机操作。

2.1 Revit 软件介绍

2.1.1 简介

Revit 是 Autodesk 公司一套系列软件的名称。Revit 系列软件是专为建筑信息模型构建的,可将所有建筑、工程和施工领域引入统一的建模环境,可帮助建筑设计师设计、建造和维护质量更好、能效更高的建筑,从而推进更高效、更具成本效益的项目。从概念设计、可视化、分析到制造和施工的整个项目生命期中使用 Revit 软件,能提高效率和准确性。

2.1.2 功能

Revit 软件可实现多种功能,支持多领域设计协作,具体功能包括以下几点:
(1)衍生式设计。Revit 可根据使用者定义的目标和约束快速生成设计备选方案。
(2)参数化建模。Revit 中设计有适用于设计和形状构建的开放式图形系统,以及适用于所有建筑构建的基础。

（3）工作共享。来自多个领域的参与者可在同一个集中共享的文件中共享和保存他们的工作。

（4）明细表创建。Revit 可创建以表格形式显示模型信息的明细表，其中的模型信息提取自项目中的图元属性。

（5）互操作性和 IFC。Revit 使用 IFC4 等各种常用格式导入、导出及链接数据。

（6）Dynamo 可视化编程。可展开并优化 BIM 工作流的开源图形编程界面。

（7）全局参数。通过一个参数控制项目中所有实例参数。

2.1.3 样板

项目样板文件在实际设计过程中起到非常重要的作用，它统一的标准设置为设计提供了便利，在满足设计标准的同时大大提高了设计师的效率。项目样板提供项目的初始状态。Revit 软件中提供几个默认的样板文件，使用者也可以创建自己的样板。基于样板的任意新项目均继承来自样板的所有族、设置（如单位、填充样式、线样式、线宽和视图比例）以及几何图形。样板文件是一个系统性文件，其中很多内容来源于设计中的积累。Revit 样板文件以 .rte 为扩展名。使用合适的样板，有助于快速开展项目。

2.1.4 核心特征

（1）参数化建模。参数化构件（亦称族）是在 Revit 中设计使用的所有建筑构件的基础。它们提供了一个开放的图形式系统，让使用者能够自由地构思设计、创建外形，并以逐步细化的方式来表达设计意图。使用者可以使用参数化构件创建最复杂的组件（例如细木家具和设备），以及最基础的建筑构件（例如墙和柱）。与此同时，使用者无须掌握任何编程语言。

（2）兼容 64 位支持。Revit 可以通过本地服务器，以更高的灵活性和更多的选项进行远程工作。Revit 还提供原生 64 位支持，可以帮助提升内存密集型任务（如渲染、打印、模型升级、文件导入导出）的性能与稳定性。任何一处变更，所有相关内容随之自动变更。在 Revit 中，所有模型信息都存储在一个位置。因此，任何信息的变更都可以有效地传播到整个 Revit 模型中。

（3）工作共享。工作共享特性可使整个项目团队获得参数化建筑建模环境的强大性能。参与者可以共享同一智能建筑信息模型，并将他们的工作保存到一个中央文件中。

2.2　Revit 软件界面介绍

（1）安装 Revit 软件以后，双击桌面的快捷方式就进入启动界面（图 2-1）。此处，以 Revit 2020 为例。

界面左侧显示项目以及族，右侧显示最近打开的项目或者族，若为第一次打开 Revit 则显示软件自带的样例项目。选择项目，在启动界面单击【新建】命令，选择【结构样板】即可进入项目操作界面。

（2）Revit 采用的是 Ribbon（功能区）界面，图 2-2 为 Revit 2020 操作界面相应功能区，功能区介绍如表 2-1 所示，其中项目功能区如图 2-3 所示。

第2章 Revit软件的基本功能及操作

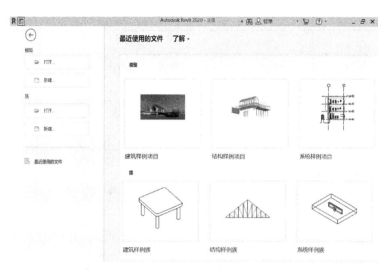

图2-1 启动界面

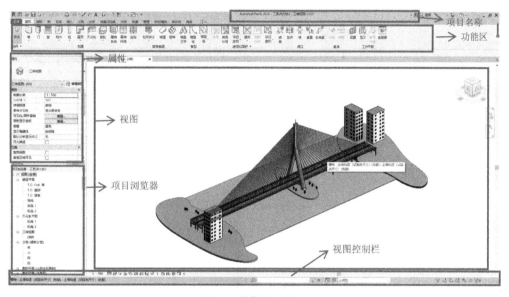

图2-2 操作界面功能区

图2-3 项目功能区

操作界面功能区介绍 表2-1

序号	名称	功能
1	文件选项卡	提供了常用文件操作工具,例如"新建""打开"和"保存"。还允许使用更高级的工具(如"导出"和"发布")来管理文件
2	快速访问工具栏	包含撤回、保存等常用操作在内的一些默认快捷工具,可通过展开按钮 ▼ 添加快捷工具操作

续上表

序号	名 称	功 能
3	信息中心	提供了一套工具,使用户可以访问许多与产品相关的信息源。根据Autodesk产品和配置,这些工具可能有所不同
4	选项栏	位于功能区下方。根据当前工具或选定的图元显示条件工具选项
5	类型选择器	选择要放置在绘图区域中的图元的类型,或者修改已经放置的图元的类型
6	属性选项板	是一个无模式对话框,通过该对话框,可以查看和修改用来定义图元属性的参数
7	项目浏览器	显示当前项目中所有视图、明细表、图纸、组和其他部分的逻辑层次。展开和折叠各分支时,将显示下一层项目
8	状态栏	提供有关要执行的操作的提示。当高亮显示图元或构件时,状态栏会显示族和类型的名称
9	视图控制栏	可以快速访问影响当前视图的功能
10	绘图区域	显示当前项目的视图(以及图纸和明细表)。每次打开项目中的某一视图时,此视图会显示在绘图区域中其他打开的视图的上方
11	功能区	创建或打开文件时,功能区会显示。它提供创建项目或族所需的全部工具
12	功能区选项卡	提供与选定对象或当前动作相关的工具
13	上下文功能区选项卡	选择不同命令,内容不同
14	当前对象对应的操作工具	选择不同选项,显示内容不同

2.2.1 族功能区

如图2-4所示的族功能区是创建或者修改项目和族所需要的全部工具。

图2-4 族功能区

族功能区为项目的创建或修改提供了建筑、结构、系统、插入、注释、分析、体量和场地、协作、视图、管理、附加模块一系列工具。

对族的创建和修改可以分别通过打开或创建族进行,内建族还可以通过功能区→建筑(结构)→构件内建模型来创建,以实现模型的重复利用。族功能区提供【创建】工具用以实现异形构件的创建。

2.2.2 应用程序菜单

应用程序菜单界面如图2-5所示。同大多数办公软件一样拥有保存、另存为、新建、打开等功能,还提供了更加高级的工具(譬如"导出")。

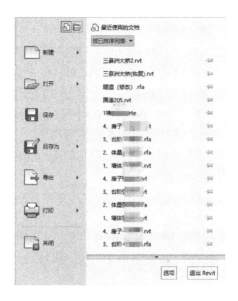

图 2-5　应用程序菜单界面

2.2.3　上下文功能区选项卡

激活某些工具或者选择图元时,会自动增加并切换到"上下文功能区选项卡",其包含一组只与该工具或图元的上下文相关的工具。

如图 2-6 所示,单击左上方【建筑】选项卡下的墙,软件切换到【放置墙】的上下文功能区选项卡,其中显示如下 3 个面板。

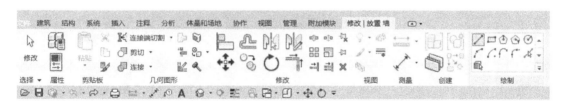

图 2-6　上下文功能区选项卡

(1)选择:包含【修改】工具。
(2)图元:包含【图元属性】和【类型选择器】。
(3)图形:包含绘制墙草图所必需的绘图工具。
退出该工具时,上下文功能区选项卡即关闭。

2.2.4　全导航控制盘

全导航控制盘将【查看对象控制盘(小)】和【巡视建筑控制盘(小)】上的三维导航工具组合到一起(图 2-7)。用户可以查看各个对象,以及围绕模型进行漫游和导航。全导航控制盘(大)和全导航控制盘(小)经优化适合有经验的用户使用。

图 2-7　全导航控制盘

2.2.5 ViewCube

ViewCube 是一个三维导航工具,用于指示和调整模型当前的视角。

使用方法:将光标悬停在 ViewCube 上方时,ViewCube 将变为活动状态,长按鼠标左键并拖动可以调整模型视角,由此用户可以设置一个合适的视图为主视图。具体操作是在 ViewCube 上单击鼠标右键,在弹出的快捷菜单中选择【将当前视图设定为主视图】命令,需要使用主视图时,再次右击 ViewCube,并选择返回主视图即可。

注意:主视图是随模型一同储存的特殊视图,可以方便地返回已知视图或者熟悉的视图,用户可以将模型的任何视图定义为主视图。

2.2.6 项目浏览器

项目浏览器用于组织和管理当前项目中的所有信息,包括项目中所有的视图、明细表、图纸、族、链接的 Revit 模型等项目资源,如图 2-8a)所示。项目设计时,最常用的就是利用项目浏览器在各个视图中进行切换。

如果关闭了项目浏览器,可以从【视图】选项卡中选择【窗口】面板上的【用户界面】工具,如图 2-8b)所示,在弹出的下拉选项中,勾选【项目浏览器】选项,即可重新打开项目浏览器。

a)项目浏览器　　　　　　　　　b)查找项目浏览器

图 2-8　项目浏览器的使用

使用项目浏览器可以从平面、立面、剖面或者三维等不同角度去观察模型。在命令栏输入"WT"并按回车键(平铺命令),可以同时查看所有已经打开的视图,在一个视图上进行的操作即可在其他视图相应区域体现出来。

使用剖面视图观察模型内部的具体操作:

(1)将视图切换到三维视图。

(2)在【属性】中找到【剖面框】并勾选。

三维模型周围出现一个矩形框,选中矩形框,会出现图2-9a)中箭头所示的拖动标志。将光标移至标志上,按住鼠标左键进行拖动,即可对模型进行剖切。

要查看某一位置的剖面图的具体操作:

(1)将视图转换到楼层平面。

(2)单击【视图】选项卡下【剖面】工具,在适当的位置画下剖切线,如图2-9b)所示。

在项目浏览器中可以看到已经生成相应剖面。

在进行项目应用时,需要使用"项目浏览器"频繁地切换视图,而切换视图的次数过多,可能会因为视图窗口过多而消耗计算机内存,因此需及时关闭多余的视图,点击视图右上方的"×"即可关闭视图。如果需要查看所有的视图,可通过【视图】选项卡,点击【切换窗口】命令进行窗口的切换,如图2-9c)所示。

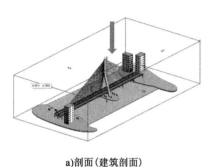
a)剖面(建筑剖面)

b)剖面工具

c)非剖面

图2-9　查看不同视图

2.3　Revit视图控制

2.3.1　视图控制栏

视图控制栏位于窗口底部,如图2-10所示,提供了比例控制、详细程度、日光路径、阴影、隐藏等工具。

图2-10　视图控制栏

以下介绍一个视图控制栏的常用命令:临时隐藏/隔离。

在设计过程中,有时需要隐藏一些次要图元,或者突显需要观察和编辑的构件时常用到此工具。当 变成 ,说明有对象被临时隐藏/隔离。选择需要编辑的图元,单击临时隐藏/隔离按钮,可以看到有四个选项:隔离类别、隐藏类别、隔离图元、隐藏图元。

(1)隔离类别。

只显示与选中对象相同类型的图元,其他图元将被临时隐藏。

(2)隐藏类别。

选中的图元及与其具有相同属性的图元将会被隐藏。

(3)隔离图元。

只显示选中的图元,与其具有相同属性的图元不会显示。

(4)隐藏图元。

只有选中的图元会被隐藏,与其具有相同属性的图元不会被隐藏。

恢复被临时隐藏图元的方法:

再次点击临时隐藏/隔离按钮,选择【重设临时隐藏/隔离】,则所有被隐藏的图元均会重新显示在视图范围内。

恢复部分被隐藏的图元的方法:

点击临时隐藏/隔离按钮,选择最上方的【将隐藏隔离应用到视图】,之后点击显示隐藏图元按钮 💡,此时被隐藏的图元显示为绯红色。选中需要显示的图元,单击鼠标右键,点击【取消在视图中隐藏】下的【图元】选项,如图2-11所示。

图2-11 恢复部分隐藏图元

2.3.2 视图范围

视图范围是控制对象在视图中的可见性和外观的水平平面集。每个平面图都具有视图范围属性,该属性也称为可见范围。水平平面分为"顶部平面""剖切面"和"底部平面",顶剪裁平面和底剪裁平面表示视图范围的最顶部和最底部;剖切面是确定视图中某些图元可剖切高度的平面。这三个平面可以定义视图范围的主要范围。"视图深度"是主要范围之外的附加平面。可以设置视图深度的标高,以显示位于底剪裁平面下面的图元。默认情况下,该标高与底部重合。

如图2-12所示为立面显示平面视图范围:①为顶部;②为剖切面;③为底部;④为偏移(从底部);⑤为主要范围;⑥为视图深度;⑦为视图范围。视图范围的设置:点击【属性】对话框中【视图范围】旁的【编辑】按钮,如图2-13所示。

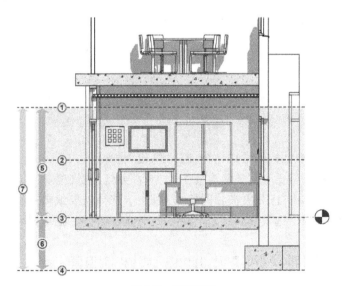

图2-12 视图范围

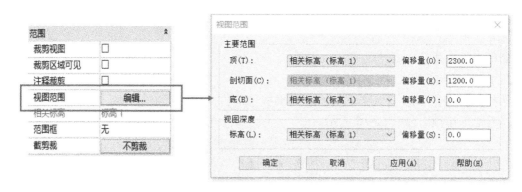

图 2-13 视图范围设置

【本章节配有视频教学数字资源,资源编号为 S-01,请扫描封面二维码查看】

2.4 标高与轴网的创建

在 Revit 软件中,轴网标高和参照平面一起组成基准图元,在建模过程中起到定位和提供基准面、工作平面的作用。

2.4.1 修改标高

标高可以用来定义楼层层高以及生成平面视图,标高不一定是楼层标高。

修改预设标高的名称。新建构造样板,进入某一个立面视图中,样板中会有预设标高,修改现有标高名称。双击标高符号旁的标高名称进行修改,此处输入"1F",将其修改为 1 层楼地面标高,如图 2-14 所示。

图 2-14 修改标高名称

修改标高值。双击需要修改的标高值,输入设定值,按回车键,完成标高值的修改,如图 2-15 所示。

图 2-15 修改标高值

细心的用户会发现,单击 2F 标高,在 1F 和 2F 之间会显示一条蓝色临时尺寸线,单击临时尺寸线标注的数字,输入设定值,亦可完成标高修改,此方法常用于提供相对标高数据的情形。

2.4.2 创建新标高

新标高的创建可以通过以下方法：
(1)直接绘制标高。
选择【建筑】或【结构】选项卡中【基准】面板里的【标高】,自动跳转到【修改|放置标高】的上下文功能区选项卡,如图2-16所示。

图2-16 【修改|放置标高】的上下文功能区选项卡

单击【直线】命令,开始绘制标高。当光标移动到与默认标高左端对齐时,会出现垂直标高线并带有临时尺寸标注的蓝色虚线,接着直接输入新建标高与相邻已建标高的距离(注意此处输入的数值以mm为单位,修改标高处的单位为m),即可确定标高值,单击鼠标左键开始绘制标高,水平向右拖动光标直到与默认标高右端对齐(出现蓝色虚线),再次单击鼠标左键完成标高创建,如图2-17所示。

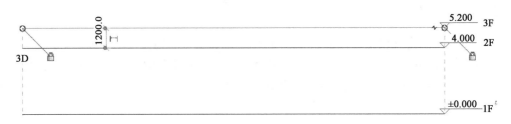

图2-17 绘制标高

(2)运用复制命令进行标高创建。
选中一个已创建的标高为源标高,单击上下文功能区选项卡中修改栏下【复制】命令。修改命令选项栏的设置,如图2-18所示。

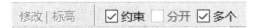

图2-18 命令选项栏设置(一)

①约束:只能垂直或者水平方向复制,即正交功能。
②多个:可进行连续复制,中间不用再次选择需要复制的标高。
命令选项栏设置完成后,将光标放至源标高上单击鼠标左键并向上移动,手动输入临时尺寸标注数值,确定标高值,按回车键或点击空白处完成创建,如图2-19所示。
注意:每复制完成一例标高,源标高自动切换为新建的标高。
(3)运用阵列命令创建标高。
选中一个已创建的标高为源标高,单击上下文功能区选项卡中修改栏下【阵列】命令。【阵列】命令可用于生成多个层高相同的标高,命令选项栏的设置如图2-20所示。

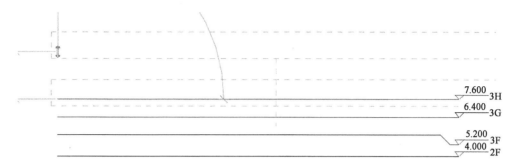

图 2-19 复制标高

图 2-20 命令选项栏设置(二)

①阵列方式:"线性"代表阵列对象沿着某一直线方向进行阵列,"径向"代表阵列对象沿着某一圆心进行旋转阵列。由于标高只能进行垂直方向阵列,此处阵列方式默认为线性且不可更改。

②成组并关联:如勾选【成组并关联】选项,则阵列后的标高将自动成组,需要编辑或解除该组才能修改标头的位置、标高值等属性,参见图 2-21。

图 2-21 成组选项卡

③项目数:阵列后总对象的数量(包括源阵列对象在内)。

④移动到:"第二个"代表在绘图区输入的尺寸为相邻阵列对象的距离,"最后一个"代表输入的尺寸为源阵列对象与最后一个阵列对象的总距离(相邻对象间距自动取平均值)。

⑤约束:同前。

命令选项栏设置完成后,将光标放至源标高上单击鼠标左键并向上移动,手动输入临时尺寸标注数值,确定阵列距离,按回车键或点击空白处完成创建,如图 2-22 所示。

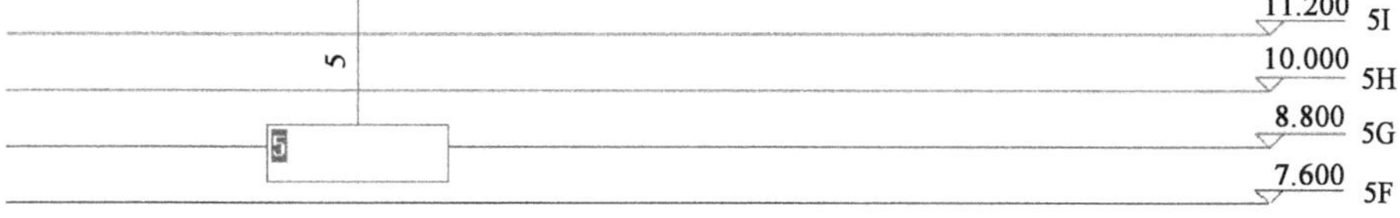

图 2-22 修改阵列距离

注意:在 Revit 中,楼层平面是和标高符号相关联的,对于直接绘制的新标高,Revit 会在项目浏览器自动生成与之相对应的楼层平面,而通过【复制】和【阵列】命令创建的新标高,Revit

不会在项目浏览器自动生成与之对应的楼层平面,需要选择功能区【视图】选项卡中的【平面视图】,再单击【楼层平面】命令,如图2-23所示。在如图2-24所示的对话框中,选中需要创建楼层平面的标高,单击【确定】即可。

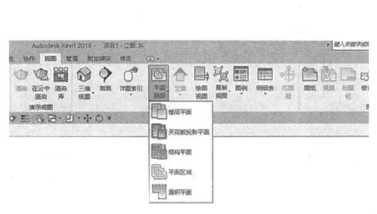

图2-23 平面视图选项　　　　　　　　图2-24 楼层平面的设置

(4)编辑标高。

选择任意一条标高线,会显示临时尺寸、一些控制符号和复选框,如图2-25所示。单击并拖曳控制符号,可以编辑其尺寸值,还可完成整体或单独调整标高标头位置、控制标头隐藏或显示、标头偏移等操作(如何操作2D和3D显示模式发挥不同作用详见轴网部分相关内容)。选择标高线,单击标头外侧方框,即可关闭/打开轴号显示。单击标头附近的折线符号,偏移标头;单击蓝色拖曳点,按住鼠标左键,调整标头位置。其他功能请读者自行探索。

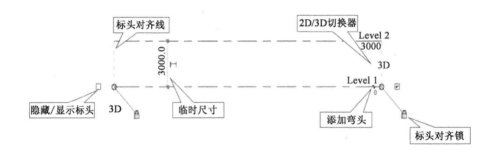

图2-25 标高编辑

2.4.3 轴网

创建完标高和楼层平面以后,点击项目浏览器楼层平面下的1F,切换到平面视图,进行轴网的绘制,在1F进行绘制,其他楼层平面会自动读取显示绘制好的轴网(一些楼层轴网与中间楼层不同时,先将楼层轴网显示改成2D再进行修改,这时,可以只修改当前楼层轴网)。

绘制方法:与创建标高相似,轴网的绘制也可以采用直接绘制的方法,或者使用复制和镜像工具绘制。

值得一提的有两点:

(1)单击【建筑】选项栏下的轴网命令 ,可以看到【绘制】栏下有5种绘制方式。

①直线:绘制直线轴网。

②起点-终点-半径弧:绘制弧形轴网。

③圆心-端点弧:同上。

④拾取线:拾取模型线、参照线、CAD图纸轴网线快速生成轴网。

⑤多段线:用于绘制由异形线组成的复杂轴网。

(2)镜像工具创建轴网。

①选中要镜像的轴网;

②单击【修改】栏下的镜像按钮 ,选中对称轴,完成镜像,如图2-26所示;

图2-26 镜像创建轴网

③由镜像得到的新轴线轴号顺序倒置,需要用户手动修改。

【本章节配有视频教学数字资源,资源编号为S-02,请扫描封面二维码查看】

2.5 基础的绘制

本节将介绍基础的绘制。在建立轴网之后,可将基础的图纸导入Revit模型中,用作创建基础的参考。单击【插入】选项卡内【导入】面板中的【导入CAD】命令,或者单击【插入】选项卡内【链接】面板中的【链接CAD】命令,即可导入或链接CAD。导入/链接CAD操作如图2-27所示。

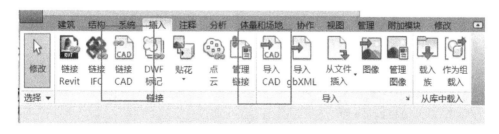

图2-27 导入/链接CAD

将CAD图纸导入Revit模型后,采用移动工具,使图纸与轴网对齐,也可选择图纸上的一个点,将图纸与轴网对齐。单击【插入】选项卡内【从库中载入】面板中的【载入族】命令,选择所需的基础族(图2-28)。

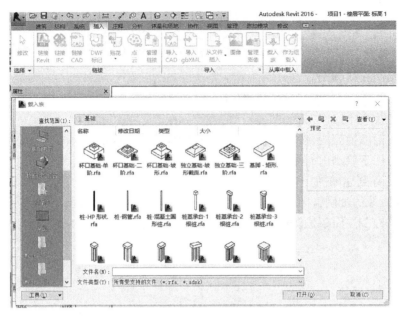

图 2-28　载入基础族

2.5.1　绘制桩基础

在构件里选择所需要的族，根据图纸分别建立不同的桩基础。例如本书所举案例中出现了四种桩基础，因此需要分别建立四种桩基础。首先建立一个桩基础，在【类型属性】对话框中编辑桩基础的类型属性，然后可采用【复制】命令建立其他三个桩基础，如图 2-29 所示。

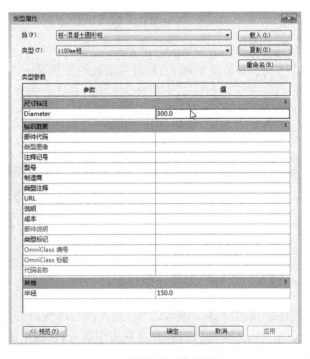

图 2-29　编辑桩基础类型属性

其次进行放置桩的工作,选择相应的桩基础族,根据图纸上的点对应放置,按照图2-30所示完成桩基础 ZT-1 的放置。

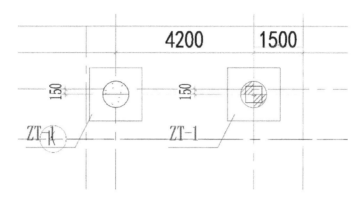

图 2-30　桩基础 ZT-1 的放置

接着,在属性栏中选择其他类型的族进行放置,放置方法同上。放置完所有桩基础后,可在左侧选项面板中改变桩基础的限制条件、材质和装饰、尺寸标注等,如图2-31 所示。

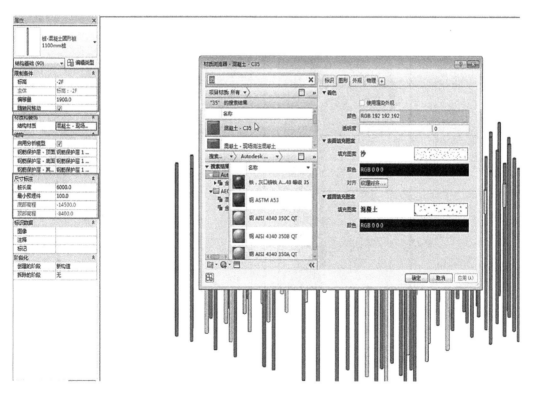

图 2-31　桩基础属性编辑

最后,在桩基础上创建承台、垫层以及筏板基础,操作方法与桩基础的放置相同。如载入一个承台族,在放置构件里选择承台,在类型属性中设置并创建与图纸对应的承台族。再根据所载入的图纸依次放置承台。

2.5.2 绘制异形桩承台

当遇到异形桩承台时,可以使用【建筑】→【构件】→【内建模型】来创建异形承台族(图2-32)。

图2-32 内建模型

选择【创建】面板中的【拉伸】命令来进行创建,选择【拾取轮廓线】——选择承台的外轮廓线,然后确定承台的拉伸终点、拉伸起点以及材质和装饰,点击【确定】后,即可创建承台模型。创建完成的异形桩承台如图2-33所示。

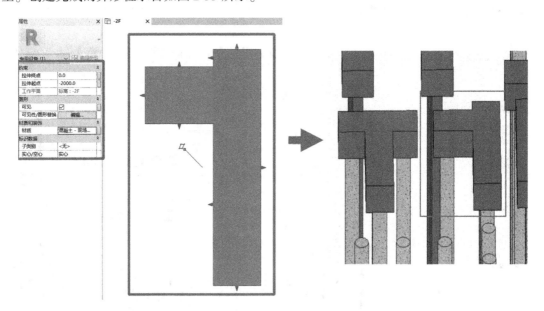

图2-33 异形桩承台的创建

2.5.3 绘制筏板基础

筏板基础不同于桩承台基础,因此需要先删除桩承台基础的图纸,然后导入筏板基础图纸,并将图纸与轴网对齐。

导入图纸后,选择【楼板】命令来创建楼板,单击【复制】按钮定义筏板的尺寸及材质,如图2-34所示。然后运用【拾取轮廓线】命令拾取筏板基础的外轮廓,识别完成后点击【确定】即完成筏板基础的创建。完成基础绘制后的模型如图2-35所示。

图 2-34 筏板基础的类型属性

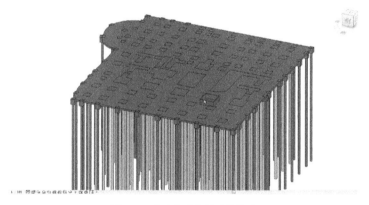

图 2-35 完成基础绘制后的模型

【本章节配有视频教学数字资源,资源编号为 S-03,请扫描封面二维码查看】

2.6 墙柱的绘制

2.6.1 绘制结构墙

本小节以案例图纸中的第 11 层为例进行说明,在项目浏览器中双击【楼层平面】项下的"11F",打开该层的平面视图。首先将该层的墙柱图纸导入 Revit 模型,将图纸与轴网对齐。单击【建筑】选项卡,在【构件】面板中选择【墙】,在下拉按钮中选择【墙·结构】命令,在【类型属性】对话框中选择"常规-225mm 砌体",单击【编辑类型】进入属性面板,单击【复制】命令,将其命名为"Q3",选择厚度为300mm,材质为混凝土-C45,之后可用相同的方法创建其他剪力墙,如图2-36所示。

图2-36 编辑结构墙类型属性

接着进行墙体的绘制,墙体的绘制与画直线的方法类似,一一选择所要绘制的墙体。若所绘制的墙体与图纸中的墙体不一致,在墙体放置完成后,可采用【对齐】命令矫正墙体的位置。对齐方法如下:先选择对正的基准,再选择墙体的边界,即可完成对齐工作。墙体的绘制如图2-37所示。

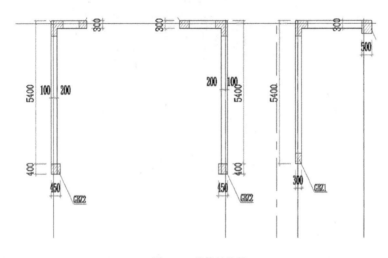

图2-37 墙体的绘制

2.6.2 绘制结构柱

创建好墙体之后,进行结构柱的创建。单击【建筑】选项卡,在【构件】面板中选择【柱】,

在下拉按钮中选择【柱·结构】命令,在【类型属性】对话框中选择"300mm×450mm",单击【编辑类型】进入属性面板,单击【复制】,将其命名为"KZ1",修改尺寸为700mm×800mm,材质修改为混凝土-C45,之后可用相同的方法创建其他结构柱,如图2-38所示。

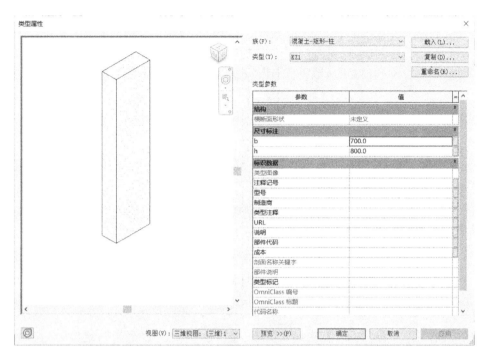

图2-38　编辑结构柱类型属性

编辑完结构柱的类型属性后,可选择高度对柱进行放置。将结构柱与图纸对齐,一一放置结构柱。也可先放置一个结构柱,然后选择【多个复制】命令,放置其他结构柱。结构柱的放置如图2-39所示。

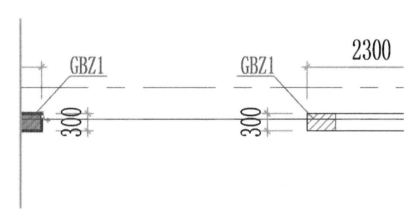

图2-39　结构柱的放置

2.6.3　绘制暗柱

当遇到暗柱时,可以使用【建筑】→【构件】→【内建模型】创建暗柱。

选择【创建】面板中的【拉伸】命令,再选择【拾取轮廓线】——选择暗柱的外轮廓线,然后确定暗柱的拉伸终点、拉伸起点以及材质和装饰,最后点击【确定】,即可创建暗柱模型。暗柱的绘制如图2-40所示。

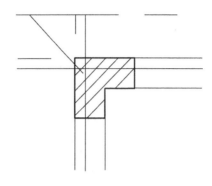

图2-40 暗柱的绘制

【本章节配有视频教学数字资源,资源编号为S-04,请扫描封面二维码查看】

2.7 结构梁的绘制

梁的绘制以第11层为例。首先导入图纸,选择导入单位为"毫米",定位为"自动-原点到原点",如图2-41所示。导入图纸后,将图纸与轴网对齐。

图2-41 梁板图纸导入

为了方便绘图,可将之前创建的模型隐藏。单击【结构】面板,选择【梁】命令,在类型选择器中选择类型"混凝土-矩形梁-300mm×800mm",在【编辑类型】中采用复制方法将其改为"KL-D7",如图2-42所示。

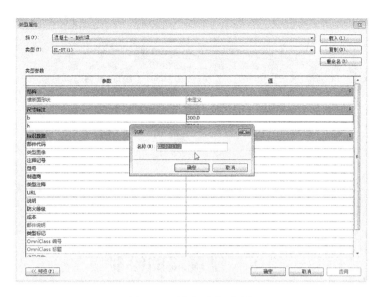

图 2-42　编辑梁的类型属性

接着进行梁的绘制,梁的绘制方法与墙体的绘制方法相同,都是依照图纸进行绘制,如图 2-43 所示。需要注意的是,图纸中梁的命名十分相似,在绘制梁时需要注意区别。在绘制完成后,若梁体位置与图纸位置不一致,仍可采用【对齐】命令进行调整。

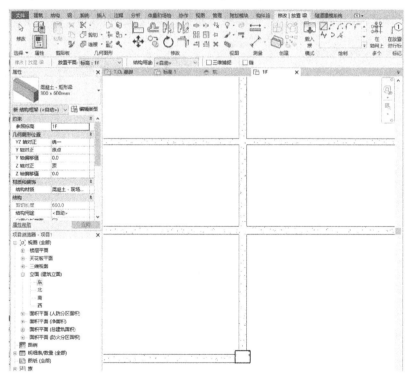

图 2-43　梁的绘制

由于上述所绘制的梁是以当前的基准面为基准,而所选用的图纸为 11 层的梁应位于 12 层底面,因此可选择所有梁,将其复制到 12 层,即 11 层的上方。绘制完成后的梁如图 2-44 所示。

图 2-44 完成梁绘制后的模型

【本章节配有视频教学数字资源,资源编号为 S-05,请扫描封面二维码查看】

2.8 建筑墙的绘制

2.8.1 外墙绘制

在项目浏览器中双击【楼层平面】项下的"11F",打开平面视图。单击【建筑】选项卡,在【构建】面板中选择【墙】,在下拉按钮中选择【墙:建筑】命令,在【类型属性】对话框中选择"基本墙-常规-200mm",单击【编辑类型】进入属性面板,单击【复制】按钮,新名称设置为"200mm外墙",单击【确定】按钮,如图 2-45 所示。

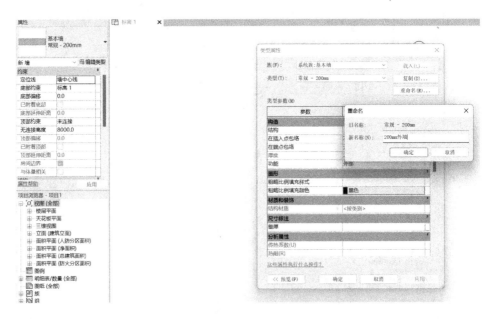

图 2-45 编辑外墙类型属性

【定位线】设置为"面层面:外部",【底部限制条件】为"11F",【顶部约束】为"直到标高:12F"。其结构层及限制条件设置如图 2-46 所示。

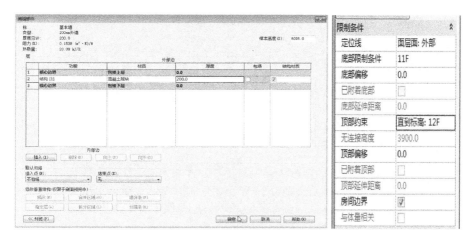

图 2-46 结构层及限制条件设置

创建好之后,进入墙体的绘制。依照图纸中墙体的位置,选择所对应的墙体一一绘制。若墙体方向不正确,可按住 Ctrl 键,选中墙体方向不正确的墙面,按空格键完成翻转。绘制完成后的外墙如图 2-47 所示。

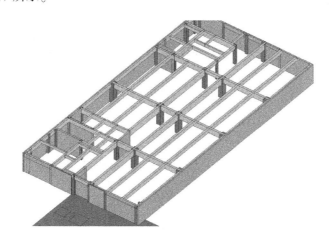

图 2-47 绘制完成后的外墙

2.8.2 内墙绘制

单击【建筑】选项卡,在【构建】面板中选择【墙】,在下拉按钮中选择【墙:建筑】命令,在【类型属性】对话框中选择"基本墙-常规-200mm",单击【编辑类型】进入属性面板,单击【复制】按钮,名称设置为"150mm 内墙",单击【确定】按钮,如图 2-48 所示。【定位线】设置为"面层面:外部",【底部限制条件】为"11F",【顶部约束】为"直到标高:12F"。

墙体类型创建完成后,将定位线设置为"面层面:外部"进行绘制。内墙的绘制如图 2-49 所示。

当图纸中墙体的厚度未标注时,可运用【测量】命令,对墙体的厚度进行测量。此外,需要注意的是,门窗只能安装在墙上,因此当图纸中绘制有门窗时,仍需绘制墙体。绘制完成后的内外墙模型如图 2-50 所示。

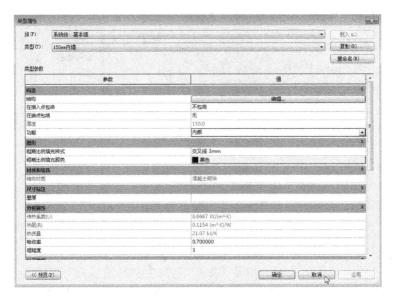

图 2-48　编辑内墙类型属性

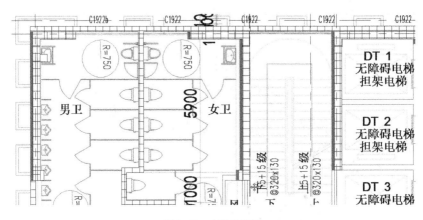

图 2-49　内墙的绘制

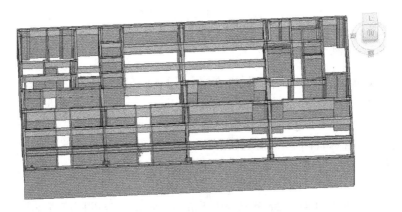

图 2-50　完成内外墙绘制后的模型

【本章节配有视频教学数字资源,资源编号为 S-06,请扫描封面二维码查看】

2.9 门窗的绘制

当墙体绘制完成后,就可以在墙体上安装门窗。

2.9.1 插入窗

单击【建筑】选项卡,在【构件】面板中选择【窗】命令,出现【修改|放置窗】上下文功能区选项卡,单击【载入族】命令,弹出【载入族】对话框,选择【建筑】→【窗】→【普通窗】→【固定窗】,载入窗的族文件,如图 2-51 所示。

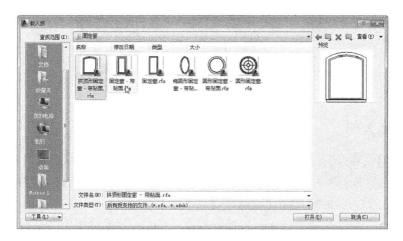

图 2-51 载入窗的族文件

复制"900×1000"(尺寸单位:mm),重命名为"C1922",编辑相关类型属性,宽度设置为1900mm,高度设置为2200mm,类型标记改为"C1922",如图 2-52 所示。

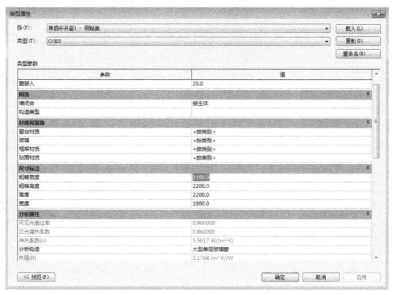

图 2-52 编辑窗的类型属性

创建完成后在模型上单击所要放置窗的位置,放置后可采用【对齐】命令,对窗进行调整,然后可采用【复制】命令,依照图纸进行窗的快速创建。采用相同的方法对其他窗进行绘制。绘制完成后的窗如图2-53所示。

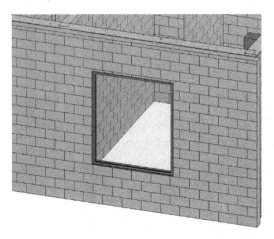

图2-53 绘制完成后的窗

2.9.2 插入门

单击【建筑】选项卡,在【构件】面板中选择【门】命令,出现【修改/放置门】上下文功能区选项卡,单击【载入族】命令,弹出【载入族】对话框,选择【建筑】→【门】→【普通门】→【平开门】→【单扇门】,载入门的族文件。

复制"700×2100"(尺寸单位:mm),重命名为"PM1024",编辑相关类型属性,宽度设置为1000mm,高度设置为2400mm,类型标记改为"PM1024",如图2-54所示。

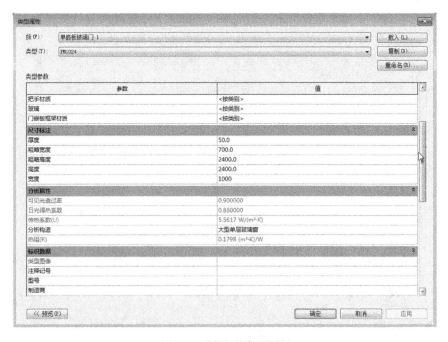

图2-54 编辑门的类型属性

依据上述方式,创建所需要的其他类型的门。创建完成后,进入门的绘制过程,与窗的绘制过程相同,直接点击即可将门绘制于墙体中。若门的开门方向与图纸不同,可选中"门",按空格键进行翻转。门窗绘制完成后的模型如图2-55所示。

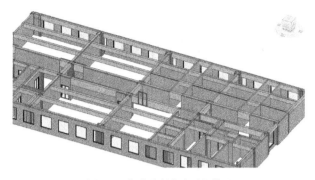

图2-55 门窗绘制完成后的模型

【本章节配有视频教学数字资源,资源编号为S-07,请扫描封面二维码查看】

2.10 楼板及楼梯洞口的绘制

2.10.1 楼板的绘制

单击【建筑】选项卡,在【构建】面板中选择【楼板】,在下拉按钮中点击【楼板:建筑】命令,进入楼板绘制模式。复制并重命名为"120mm 楼板",材质选择混凝土-C30,如图2-56所示。选择【绘制】面板中的【拾取墙】命令,依次拾取相关墙体自动生成楼板轮廓线,单击【完成编辑模式】,完成楼板的创建。楼板的模型如图2-57所示。

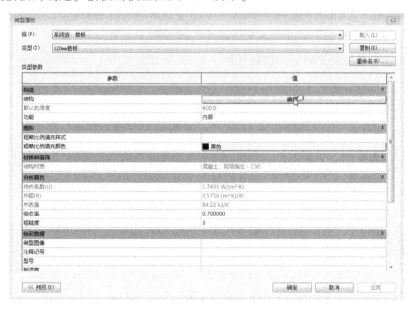

图2-56 编辑楼板的类型属性

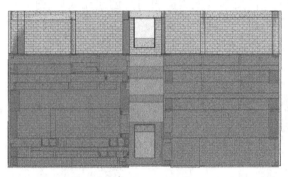

图 2-57 楼板的模型图

2.10.2 楼梯洞口的绘制

点击【建筑】选项卡内【洞口】面板中的【竖井】命令,选择【绘制】面板中的【矩形】命令,沿着楼梯间内墙绘制矩形,单击【完成编辑模式】,完成楼梯洞口的创建。绘制完成后的楼梯洞口如图 2-58 所示。

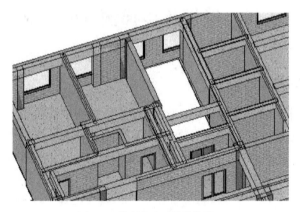

图 2-58 绘制完成后的楼梯洞口

其余洞口的创建与楼梯洞口的创建相同。

2.11 楼梯的绘制

楼梯是房屋中连接上下各层的垂直设施。一般楼梯由楼梯梯段、平台、扶手、栏杆组成,如图 2-59 所示。

运用 Revit 绘制楼梯是在平面视图或三维视图中创建通用梯段构件。可以使用单个梯段、平台和支撑构件组合成楼梯。使用梯段构件工具可创建通用梯段,例如直梯、弧形梯段、螺旋梯段或斜踏步梯段。

利用 Revit 可以创建多个梯段,并且 Revit 可自动创建平台连接这些梯段。也可以选择在创建梯段时自动创建栏杆扶手。需要注意的是,我们可以在楼梯编辑部件模式中选择栏杆扶手类型,但在单击【完成】前不会看到栏杆扶手。使用直接操纵控件可以单独修改梯段构件。

图 2-59　楼梯实例

使用基本的通用梯段构件工具可以创建 5 种类型的梯段,包括直梯、全踏步螺旋梯段(可以大于 360°)、圆心-断点螺旋梯段(小于 360°)、L 形斜踏步梯段、U 形斜踏步梯段,如图 2-60 所示。

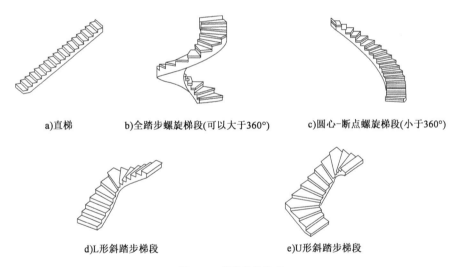

图 2-60　楼梯梯段类型

用于选择梯段构件工具和选择选项的步骤对于所有类型的梯段都相同。

单击【建筑】选项卡,在【构建】面板中选择【楼梯】,在下拉按钮中点击【楼梯(按草图)】命令,进入楼梯绘制模式。点击楼梯的【编辑类型】,设置楼梯名称以及楼梯的踏板深度和踢面高度,如图 2-61 所示。

在属性栏中,可对楼梯的宽度、高度等信息进行进一步的设置,如图 2-62 所示。

将光标移动至楼梯的起点,单击该点作为楼梯第一跑的起跑位置,依照图纸捕捉第一跑终点的位置,软件会自动绘制第一跑梯面。依照此方式进行第二跑梯面的绘制。绘制完成后,对休息平台的尺寸进行调整。楼梯的绘制如图 2-63 所示。

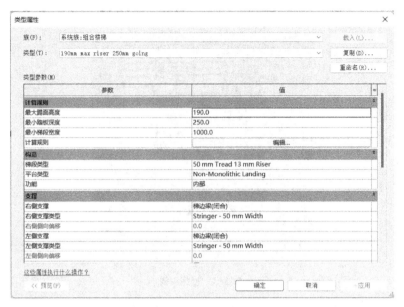

图 2-61　编辑楼梯的类型属性

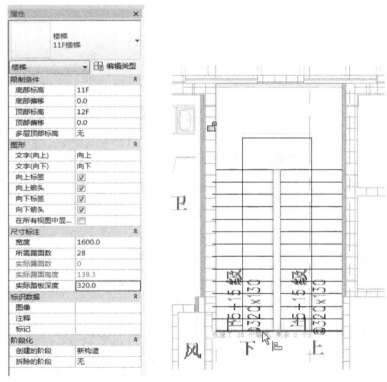

图 2-62　编辑楼梯的相关属性　　　　图 2-63　楼梯的绘制

至此,我们已经完成 11F 标准层的绘制。标准层模型如图 2-64 所示。

可将标准层的模型复制到其他楼层,此处以复制到 12F 为例。选中标准层所有模型,点击【粘贴】→【与选定的标高对齐】,然后选择"12F"。具体操作如图 2-65 所示。复制完成后的模型如图 2-66 所示。

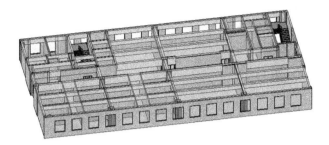

图 2-64　标准层模型

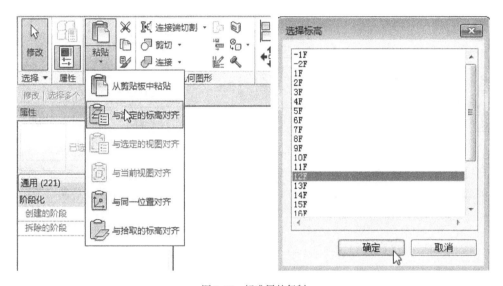

图 2-65　标准层的复制

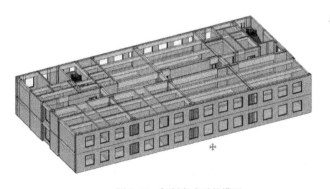

图 2-66　复制完成后的模型

【2.10 与 2.11 配有视频教学数字资源,资源编号为 S-08,请扫描封面二维码查看】

2.12　屋顶的绘制

Revit 提供了多种创建屋顶的方法。如:迹线屋顶、拉伸屋顶、比例斜窗等。对于一些特殊造型的屋顶,也可以通过内建模型的工具来创建。

本节选取全国 BIM 技能等级考试(一级)中的经典试题,使用【迹线屋顶】命令创建异形屋顶,题目如下:

按照平面、立面图绘制屋顶,屋顶板厚均为 400mm,其他建模所需尺寸如图 2-67、图 2-68 所示。

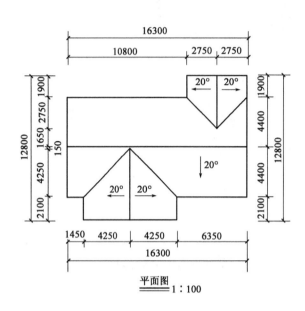

图 2-67 屋顶平面图(尺寸单位:mm)　　图 2-68 屋顶立面图(尺寸单位:mm)

操作步骤如下:

单击【建筑】选项卡,在【构建】面板中选择【屋顶】→【迹线屋顶】命令,如图 2-69 所示。

图 2-69 【迹线屋顶】命令

选择【边界线】绘制该屋顶的轮廓,如图 2-70 所示。

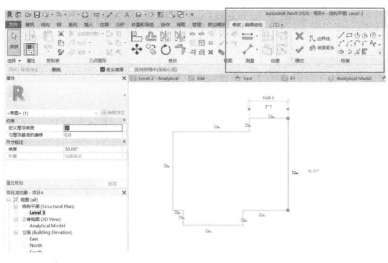

图 2-70　绘制屋顶轮廓

选中坡度线,在属性框中勾选【定义坡度】,将坡度设置为 20°,设置之后的效果如图 2-71 所示。

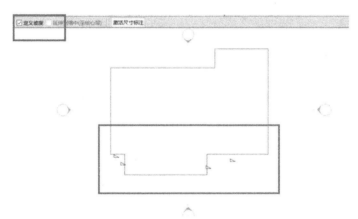

图 2-71　定义坡度

另一面坡度的操作与上述相同,设置完成后,点击【完成编辑模式】,即完成屋顶的绘制。绘制完成后的屋顶模型如图 2-72 所示。

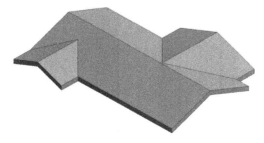

图 2-72　屋顶模型图

【本章节配有视频教学数字资源,资源编号为 S-09,请扫描封面二维码查看】

2.13 常规模型族的创建

在创建完成后的模型中可以看到,图纸中存在着一些外墙装饰条和异形窗,可以使用创建族的命令来创建这部分内容。

新建族,并选择公制常规模型进行外墙装饰墙的创建,如图2-73所示。

图2-73 新建族并选择族样板文件

单击【创建】选项卡,在【形状】面板中选择【拉伸】命令,出现【修改/创建拉伸】上下文功能区选项卡,选择【拾取轮廓线】对装饰条的外轮廓进行识别,如图2-74所示。

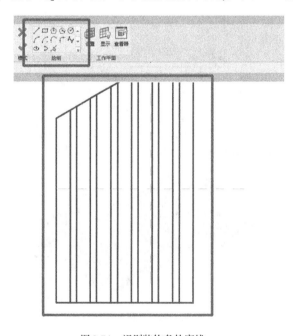

图2-74 识别装饰条轮廓线

对装饰条逐个识别后,可在左侧属性框定义装饰条的材质,将其定义为"钢",单击鼠标右键选择【复制】命令,并重命名为"外钢架1"。同时,需要定义装饰条的拉伸起点和拉伸终点。设置完成后,点击【确定】即可,如图2-75所示。绘制完成后的装饰条如图2-76所示。

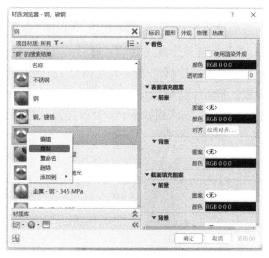

图2-75 装饰条属性的编辑

其余装饰条的创建方法与上述相同。创建完成后,单击【载入到项目】,即可将所创建的族载入模型,如图2-77所示。

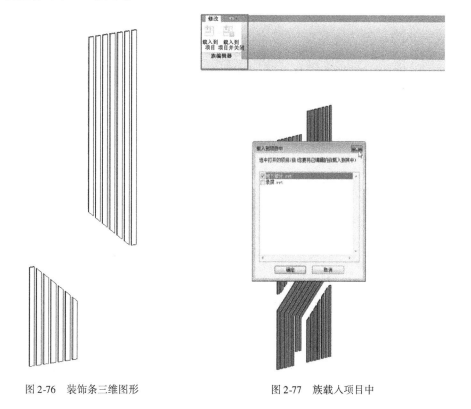

图2-76 装饰条三维图形　　　　　图2-77 族载入项目中

【本章节配有视频教学数字资源,资源编号为S-10,请扫描封面二维码查看】

2.14 概念体量的创建

Revit 软件在【新建】命令中提供了【概念体量】工具。"概念"被广泛、高效地运用在建模当中;"体量"指的是观察、研究和解析建筑形式的过程;"体量族"指的是形状的族,属于体量类别。

可以利用可载入概念体量族法创建概念体量。如图 2-78 所示,在【文件】选项卡下,选择【新建】命令,单击【概念体量】,弹出【新概念体量-选择样板文件】对话框,对话框中显示默认位置子文件夹中所安装的"公制体量.rft"族样板,选中族样板文件后,预览图像会显示在对话框的右上角,单击【打开】按钮,即进入概念体量环境。

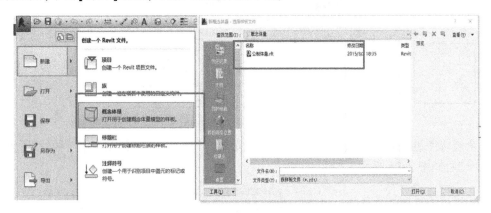

图 2-78 概念体量族样板的选择

本节选取全国 BIM 技能等级考试(一级)中的经典试题,对创建概念体量进行讲解,题目如下:根据图 2-79 所给定的投影尺寸,创建形体体量模型。

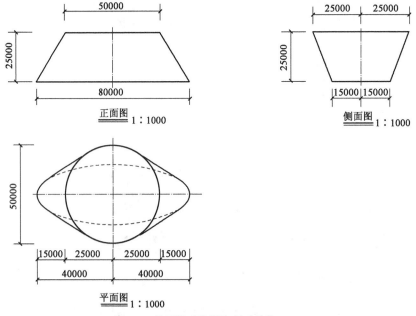

图 2-79 体量模型示意图(尺寸单位:mm)

操作步骤如下：

根据上文所述,进入概念体量环境。选择标高 1 处参照平面,按住 Ctrl 键的同时,按住鼠标左键向上拖曳平面,复制出标高 2 的参照平面,在临时尺寸标注处输入"25000",建立标高 2 处的参照平面,如图 2-80 所示。

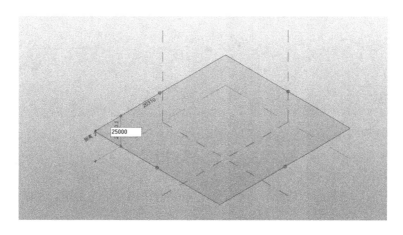

图 2-80　建立标高 2 处的参照平面

选择标高 1 处参照平面,切换到顶视图,在【创建】选项卡内的【绘制】面板中选择模型线下的【椭圆】命令,以参照平面交点为基准,绘制长轴为 40000mm、短轴为 15000mm 的椭圆,如图 2-81 所示。

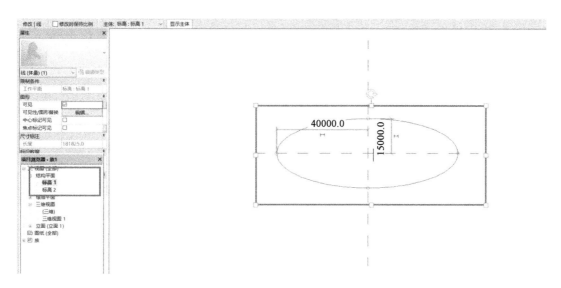

图 2-81　绘制椭圆

选择标高 2 处参照平面,切换至顶视图,与椭圆的绘制方法相同,在标高 2 处绘制半径为 25000mm 的圆形。

切换至三维视图,按住 Ctrl 键,同时选取绘制的椭圆和圆形,在【修改线】上下文功能区选项卡下的【形状】面板中,选择【创建形状】下拉菜单中的【实心形状】,创建形体,如图 2-82 所示。

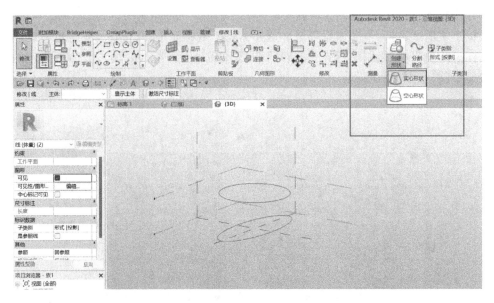

图 2-82 创建实心形状

【本章节配有视频教学数字资源和案例图纸,资源编号为 S-11、TA-01,请扫描封面二维码查看】

思考题

2-1 Revit 软件中族、图元、体量、项目有何区别?
2-2 Revit 项目浏览器如何切换?
2-3 Revit 标高点如何设置?
2-4 如何在 Revit 族中设置视图范围?

操作题

根据给出的图纸,建立房子的模型,具体要求如下:
(1)按照给出的平面、立面图要求,绘制轴网及标高,并标注尺寸。
(2)按照轴线创建墙体模型,自行设置材质。
(3)按照图纸中的尺寸在墙体中插入门窗,门窗尺寸与型号根据图纸适当自拟。未标注尺寸的地方自拟。
(4)建立房子模型,含楼梯与台阶等。
(5)设置场地并自行设计室外花园绿化,要求有灌木植物与草本植物以及道路。
【本章节操作题图纸,资源编号为 T-01,请扫描封面二维码查看】

第3章
Revit 创建桥梁构件族

如第 2 章所述，Revit 软件主要面向建筑领域，其内置的梁、墙等构件只适用于房屋建筑而无法满足桥梁直接建模需求。因此，桥梁模型大多数采用体量或者族的方式进行创建。本章就如何利用 Revit 软件创建桥梁构件族展开介绍。

3.1 Revit 族库

3.1.1 Revit 族及其参数化

Revit 建模的核心概念是族，其承载了项目建设全周期的各项信息。描述项目结构的所有族，组成最终的项目 BIM 模型。而 BIM 模型中的所有图元都是基于族的概念，如图 3-1 所示。

每一个 Revit 图元均包含族、族类型、族实例等多种类型的参数，族、族类型、族实例关系如图 3-2 所示。要实现参数化建模就是对图元中的各种参数进行控制，以驱动模型结构信息变化。其中，族类型参数是图元的公共属性，通俗地说，就是能够控制某一类型构件族的参数。只要对其中一个族的族类型参数进行修改，与其同类型的其他族都会发生相应变化。而族实例是单独控制某一实例中的参数，即只会影响该族自身结构信息的参数。修改族中的某一族实例参数，只有其自身会发生相应的改变，其他族文件不受影响。

图 3-1　Revit 族与图元概念

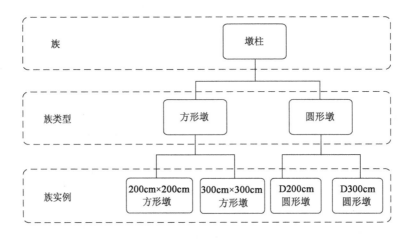

图 3-2　族、族类型、族实例关系图

在实际项目运用 Revit 的过程中,可通过软件提供的各种尺寸标注工具对构件关键部位进行约束并设置参数,再根据需求修改参数来改变构件的几何结构信息,最后通过 Revit 软件自带的拉伸、放样、融合、空心等建模途径完成构件实体的建模。以矩形承台为例,可以通过控制承台长度、宽度、高度及桩基嵌固深度等参数,结合矩形拉伸、实体剪切等功能对其进行参数化建模。

3.1.2　族库构件建模深度 LOD

LOD 全称为 Level of Development,由 AIA(the American Institute of Architects,美国建筑师协会)于 2008 年提出,用来表示 BIM 模型中的模型元件在 BIM 全生命期的不同阶段所预期的模型完整程度,但当时并未提出明确的模型元件 LOD 定义。随后的几年时间中,美国 LOD 规范不断完善其各不同等级的定义和说明。

2015 年,美国相关 LOD 规范中首次提及公路桥梁和铁路桥梁模型元件 LOD 的不同等级定义和图例说明。例如对于公路桥梁中的工字形截面预应力混凝土梁来说,LOD200 层级只需定义梁长和其他一些粗略的尺寸,LOD300 层级则需要体现混凝土构件的具体细节尺寸,而 LOD350 层级中增加了钢筋、预应力筋以及伸缩缝等结构细节,LOD400 层级的模型需要包含完整的钢筋信息等(表 3-1)。

不同 LOD 层级模型深度示例　　　　　表 3-1

层级	LOD200	LOD300	LOD350	LOD400
精度要求	梁长、其他粗略尺寸	具体细节尺寸	增加其他结构细节（钢筋等）	完整的钢筋信息等
图例				

3.2　桥梁 BIM 构件基础族库的创建

尽管 BIM 技术的应用在我国建筑工程领域已经有许多优秀的案例,但大多数都集中在房建领域。在我国桥梁工程领域中,不管是设计建模环节,还是施工运维环节,BIM 技术的应用都还处在初级阶段。这种现状是由国内桥梁工程领域的多种因素造成的,其中很大一部分原因是缺乏官方的 BIM 相关行业规范。没有统一的规范作为依据,从而导致各方建模人员进行桥梁 BIM 构件族的制作时在尺寸、材质、精度等方面做法不一;且当前桥梁 BIM 应用案例较少,业内还没有形成完善的桥梁 BIM 构件族库,最终导致桥梁 BIM 建模效率低。因此,要解决桥梁 BIM 建模难题,最重要的是要解决桥梁 BIM 基础构件族短缺的问题。

3.2.1　桥梁族库特性

基于当前的桥梁 BIM 发展现状,所创建的族库应满足以下几点特性:
(1)规范性。创建族库构件时,应严格按照构件图纸或设计规范来进行,即族库构件应符合实际工程的规范要求。
(2)多样性。族库构件应按照桥梁结构特点进行分类创建,每个种类常用的构件样式尽量丰富齐全,以方便桥梁模型建立时可从中选用。
(3)实用性。由于 BIM 模型并不是简单的 3D 立体模型,其中还包含许多属性信息,因此,如果构件建模精度过高、包含信息过多,最后会造成桥梁整体模型体量过大,不利于模型的后期应用。

3.2.2　创建桥梁构件族

在进行桥梁结构构件 BIM 建模之前,首先应结合 EBS(Engineering Breakdown Structure,工程系统分解结构)原则从桥梁工程的空间范围和系统结构框架两个角度对其进行工程实体结构分解,如图 3-3 所示。EBS 是面向全桥对象系统的分解方法,主要依据桥梁工程项目元素或构成部位进行桥梁结构的分解,相比于依据工程项目生产工艺或工种工程、适用于实施阶段的 WBS(Work Breakdown Structure,工作分解结构)而言,其更适用于桥梁工程建设全生命期各阶段。

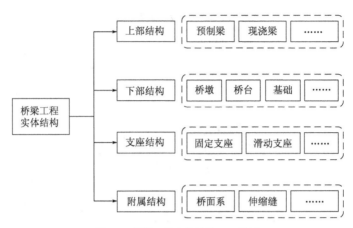

图 3-3　桥梁工程实体结构 EBS 分解

在此基础上分别对桥梁结构的各部分构件进行参数化建模。这样不仅分类清晰,符合桥梁结构的工程系统分解结构原则,同时也符合建模人员的建模思路,避免产生不必要的重复工作,可在提高建模效率的同时方便查找获取各类信息。

桥梁构件族制作基本流程如图 3-4 所示。

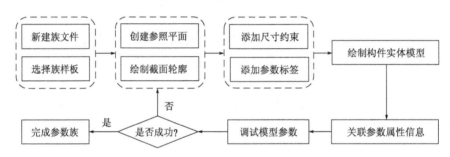

图 3-4　桥梁构件族制作流程

如图 3-4 所示,在完成族样板的选择后,要在族样板操作界面中依据构件截面轮廓设定起定位作用的参照平面,再通过 Revit 提供的各种建模方法进行构件实体模型的绘制。如图 3-5 所示,Revit 为建模人员提供了拉伸、融合、旋转、放样等十种几何绘制方法。

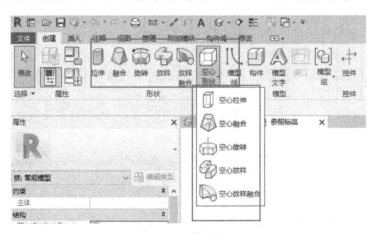

图 3-5　Revit 族绘制方法

3.2.3 创建箱梁族

桥梁上部结构为桥跨结构,是跨越障碍的主要承重结构,在桥梁工程中占有至关重要的地位。按其横截面形式可分为箱梁、肋梁、板梁。由于 Revit 软件主要是面向建筑领域,其内置的梁构件只适用于房屋建筑而无法满足桥梁建模的需要。本节主要以经典的三室箱梁族为例,展示桥梁上部结构构件的参数化制作方法。

(1)制作箱梁截面参数化外轮廓族。

①进入 Revit 软件使用界面,新建一个族文件。

②进入族样板文件的选择界面,选择"公制常规模型"族样板,如图 3-6 所示。

图 3-6 选择"公制常规模型"族样板

由于"公制轮廓"族样板在 Revit 建模过程中要求较为苛刻,只能在放样融合中使用,且如果使用此族样板绘制的轮廓族无法充分符合功能要求,在建模过程中会经常出现错误,因此,选择适用性最强的"公制常规模型"族样板进行轮廓的绘制,这样不仅出错率低,而且便于后续结合 Dynamo 可视化编程软件进行快速建模。

③进入样板文件的操作界面,绘制截面参数化外轮廓族。

首先,如图 3-7 所示,选择前立面,根据截面轮廓的形状,添加起定位作用的参照平面。

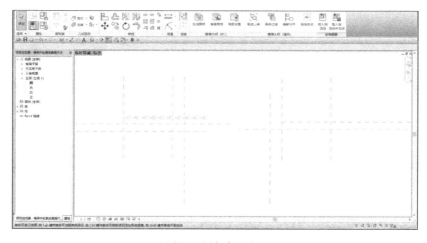

图 3-7 添加参照平面

其次，使用Revit中的【直线】【曲线】或是【多线段】等功能进行截面轮廓初步绘制，如图3-8所示。

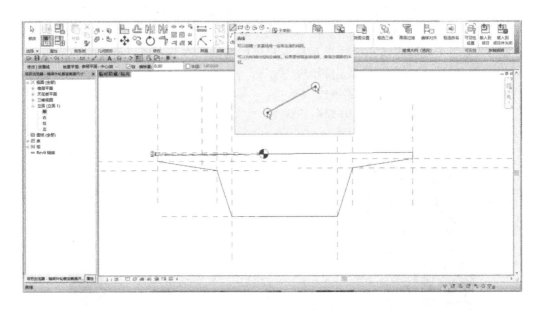

图3-8　绘制箱梁截面外轮廓

再次，依据截面轮廓形状特点，在关键节点处添加必要的约束。如图3-9所示，有【锁】标志的均为已添加约束的节点。

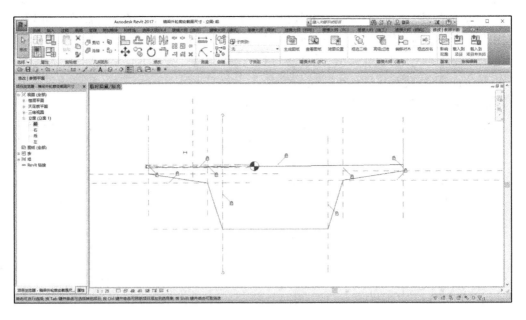

图3-9　添加节点约束

最后，选用【修改-测量】里的【尺寸标注】对初步完成的箱梁截面轮廓进行一一标注，并进入参数属性的选项界面为其添加参数以实现参数化，如图3-10和图3-11所示。

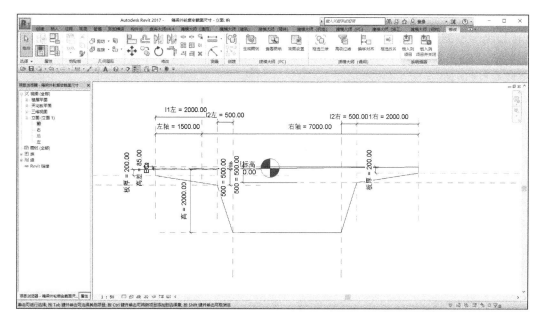

图 3-10 尺寸标注

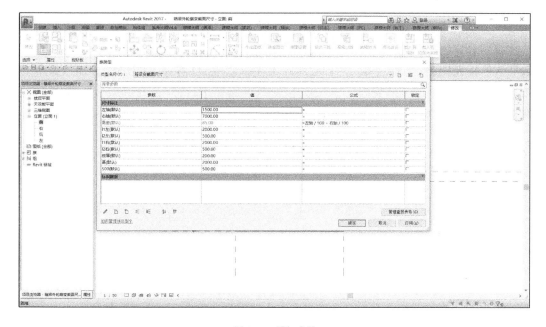

图 3-11 添加参数

④最终生成箱梁截面参数化外轮廓族。

（2）制作箱梁截面参数化内轮廓族。

截面内轮廓族的制作思路与截面外轮廓族大致相同，不同的是由于箱梁内室为空心构造，需要使用 Revit 提供的一系列空心创建功能。

而 Revit 中的空心创建功能除了空心拉伸，其余均无法一次性使多个截面同时实现功能。因此，我们需要对三室箱梁的左、中、右三个内室分别创建其轮廓族。

除此之外,截面内轮廓族的制作步骤与截面外轮廓族大同小异,此处不再赘述。

(3)创建参数化箱梁族。

①打开 Revit 样板文件的操作界面,点击左上角菜单栏,新建一个族文件,依旧选择"公制常规模型"族样板,如图 3-12 所示。

②载入已建好的箱梁截面参数化轮廓族,如图 3-13 所示。载入成功的族文件显示于项目浏览器中。

图 3-12　新建族文件　　　　　　　　图 3-13　载入箱梁截面参数化轮廓族

③视图选择【楼层平面-参数标高】,选用【放样】功能,创建箱梁实体。转到前立面,直接拾取导入的截面轮廓。实体完成后,若截面轮廓需要修改,只需进入【放样】编辑模式直接替换拾取的轮廓就可修改实体截面尺寸。此外,对放样路径进行标注,并添加参数,则可实现箱梁实体参数化,如图 3-14 和图 3-15 所示。

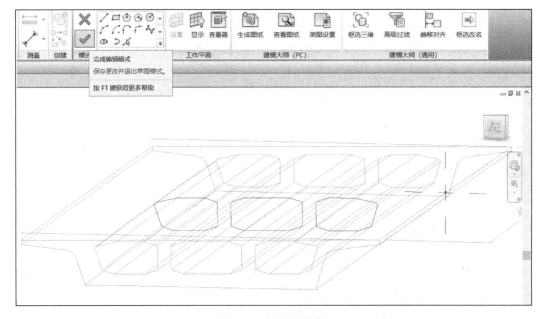

图 3-14　编辑箱梁轮廓

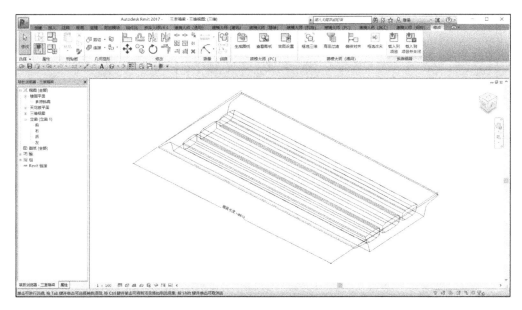

图 3-15　箱梁实体参数化族

3.2.4　创建桥墩族

桥梁下部结构是支承上部结构并将上部结构传来的作用传递到地基上的结构物。桥梁下部结构由桥墩、桥台和基础组成。桥墩是指多跨桥梁的中间支承结构物,由盖梁、墩身与基础构成。下面对常规桥墩 Revit 建模过程进行介绍。

(1)新建族(图 3-16),并选择"公制常规模型"族样板。

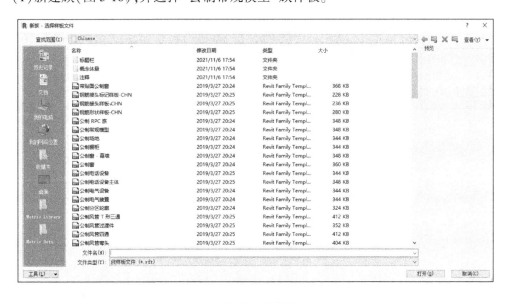

图 3-16　新建族

(2)进入族文件操作界面,将立面切换为前立面。

(3)在工具栏【插入】中选择【导入 CAD】,导入桥墩 CAD 图,如图 3-17 所示。

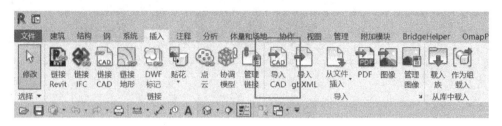

图 3-17 导入 CAD

(4)切换至参照标高。

(5)创建参照线(图 3-18),由图纸可知,该构件的厚度为 200mm。

图 3-18 创建参照线

(6)创建 30°的倾角,如图 3-19 所示。

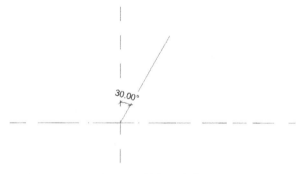

图 3-19 创建 30°倾角

(7)在工具栏【创建】中选择【放样融合】,点击拾取路径。

(8)编辑轮廓 1,用拾取线的方式,按下 Tab 键,选中模型的所有线条,如图 3-20 所示。

(9)选择移动命令。拾取点,进行偏移,如图 3-21 所示。

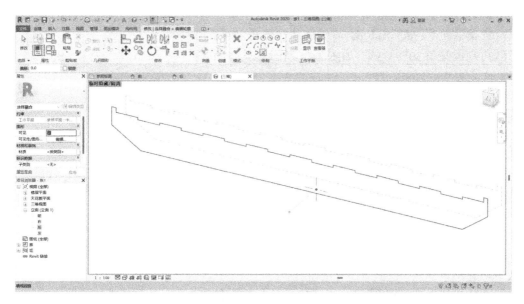

图 3-20　编辑轮廓 1

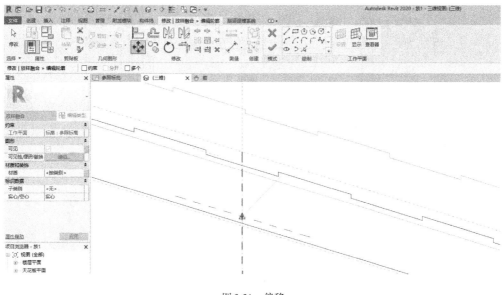

图 3-21　偏移

(10)将约束删除,如图 3-22 所示。

图 3-22　删除约束

(11) 以同样的方式创建轮廓2。
(12) 拾取轮廓,按下 Tab 键,将轮廓往右移动,如图 3-23 所示。
(13) 完成倾角30°的盖梁,如图 3-24 所示。

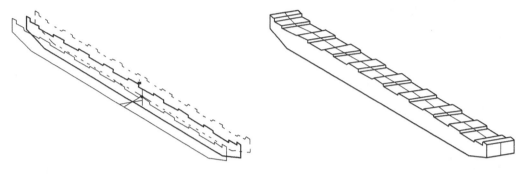

图 3-23 移动轮廓　　　　　　　　图 3-24 完成倾角30°的盖梁

(14) 将约束删除,单击【确定】按钮。
(15) 进行桥墩的创建,由图 3-25 可知,图中边墩中心线与中墩中心线的距离为866cm,中墩的直径为160cm。

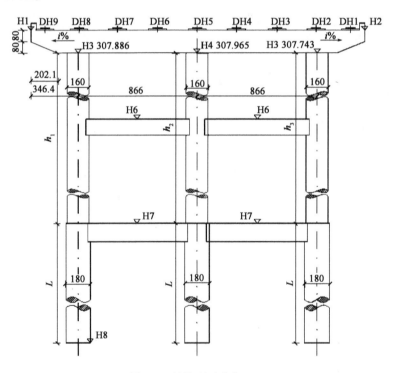

图 3-25 桥墩(尺寸单位:cm)

(16) 创建参照平面,在构件下部10000cm、20000cm处分别设置参考线,如图 3-26 所示。
(17) 输入长度为866cm,如图 3-27 所示。
(18) 切换视图为【楼层平面】,参照标高,选取创建圆功能,进行柱的构建。
(19) 在参照标高适当位置画圆。依据图纸,在构件上依次添加直径为160cm 的圆,再用【镜像-拾取轴】作出第三个圆,如图 3-28 所示。

68

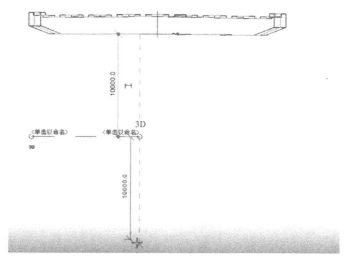

图 3-26 创建参照平面

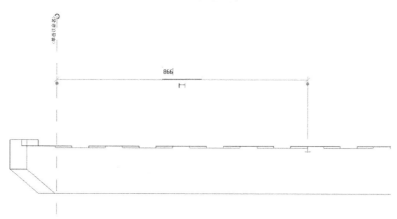

图 3-27 输入长度

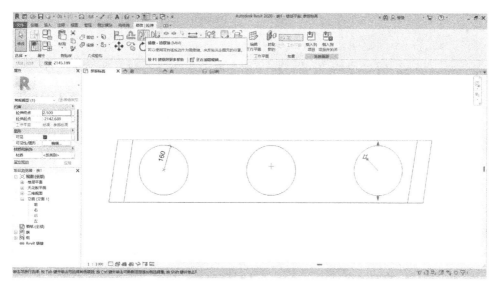

图 3-28 画圆

(20) 切换到前立面, 拖动操作点, 下拉。用同样的方式完成对下部桩的创建。从图纸中可知, 桩的直径为180cm, 同样在参照标高上进行操作。

在前立面对三个新建的圆拖动操作点, 下拉至图纸模型所在位置。接下来对系梁进行建制。在前立面, 运用创建拉伸的方式, 构建出系梁的尺寸, 如图3-29所示。

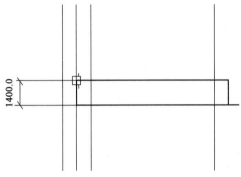

图3-29 构建系梁尺寸

修改梁拉伸起点和拉伸终点分别为 –550 和550, 以同样的方式构建其他系梁, 修改其拉伸起点和拉伸终点分别为 –650 和650, 如图3-30所示。

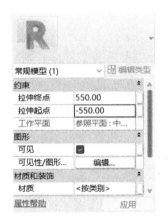 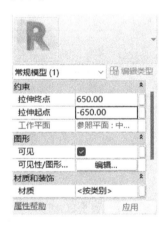

图3-30 修改梁拉伸起点与拉伸终点

选取已建系梁, 运用【镜像-拾取轴】, 将左端的两根系梁镜像到右端, 即完成桥墩族的创建, 如图3-31所示。

【本章节配有视频教学数字资源, 资源编号为S-12、S-13, 请扫描封面二维码查看】

3.2.5 创建承台单桩族

桥梁下部结构中桥墩族的创建方法与上部结构相似, 但对于基础部分桩和承台的创建有更便捷的方式。传统的基础构件建模方法通常是将桩基础和承台基础分开创建构件族, 再分别进行参数化, 建模时需要分别打开不同文件修改参数以完成需要的构件。但是若能采用嵌套族的方法将其中一个族文件嵌套到另一个族文件中, 就可通过关联参数在一个文件中直接完成构件的编辑。

图3-31 桥墩族创建完成

嵌套族中关联参数功能需手动逐个添加,不适用于类似桥梁上部结构等参数较多的构件,会导致建模效率低下。由于基础构件结构控制参数较少,因此本节采用嵌套族的方法来创建基础构件族。

采用嵌套族的方法进行构件建模,第一步是要分清楚谁是父族,谁是子族。本节将承台族作为父族,将桩基础族作为子族,在此前提下通过以下步骤进行建模(本节以简单的矩形承台单桩基础为例):

(1)创建承台族。

①新建族文件,选择"公制常规模型"族样板。

②进入族样板文件操作界面,选择【楼层平面-参照标高】。

③选择【拉伸】工具绘制承台矩形截面,并对其参数化,如图3-32所示。

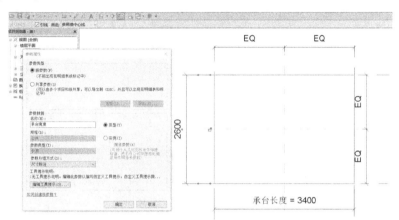

图3-32 绘制承台矩形截面并参数化

④选择【前立面】,设置拉伸高度,并对其参数化。

(2)创建桩基础族。

①新建族文件,选择"公制常规模型"族样板。

②进入族样板文件操作界面,选择【楼层平面-参照标高】。

③选择【拉伸】工具绘制桩基础圆形截面,并对其参数化,如图3-33所示。

图3-33 绘制桩基础圆形截面并参数化

④选择【前立面】,设置拉伸高度,并对其参数化。

(3)创建嵌套族。

①将上一步骤中完成的桩基础族(子族)载入承台族(父族)中,如图3-34所示。

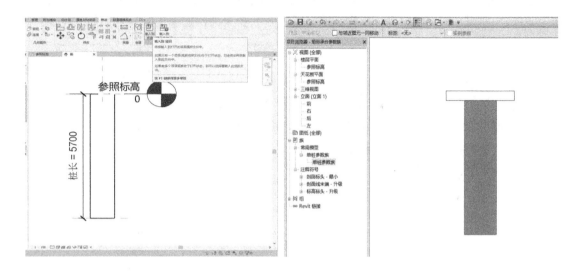

图3-34 子族载入父族

②进入【前立面】,添加参照平面,通过标注进行尺寸约束,并设置参数【嵌固深度】,运用【对齐】工具将桩基础顶面锁定到参照平面上,如图3-35所示。

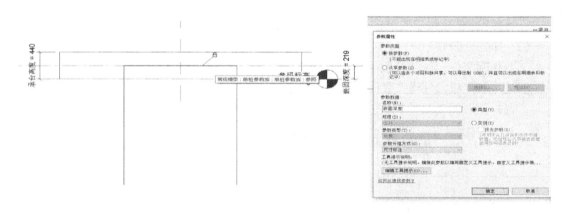

图3-35 添加约束条件

③从承台族(父族)中进入【族类型】属性界面,添加与桩基础族(子族)中同名的参数【桩长】【桩直径】。

④进入【前立面】,选中载入的桩基础族,通过【属性】界面中【编辑类型】进行子族与父族的参数关联,如图3-36所示。

⑤进入【族类型】界面,通过修改各参数就可完成对矩形承台单桩基础族的编辑,如图3-37所示。

图 3-36 关联参数

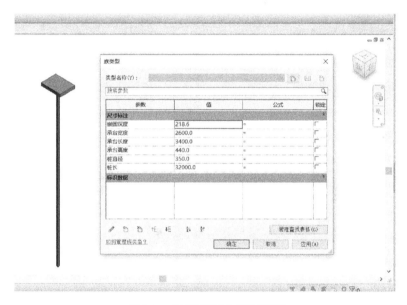

图 3-37 完成矩形承台单桩基础族

3.2.6 创建钢筋族

桥梁中的钢筋主要分为两大类,即预应力钢筋和普通钢筋。利用 Revit 创建桥梁钢筋的方法其实与创建建筑钢筋的方法大同小异,以下以某工程为例创建钢筋。

(1) 预应力钢筋的创建。

①进入 Revit 软件操作界面,选择新建族文件,再选择"公制常规模型"族样板,如图 3-38 所示。

②进入族样板文件操作界面,根据图纸调整好项目单位。

③选择【放样】工具绘制。

首先,可以用参照平面对预应力钢筋的各段弯曲点进行定位,如图 3-39 所示,再选择【放样】工具进行绘制。

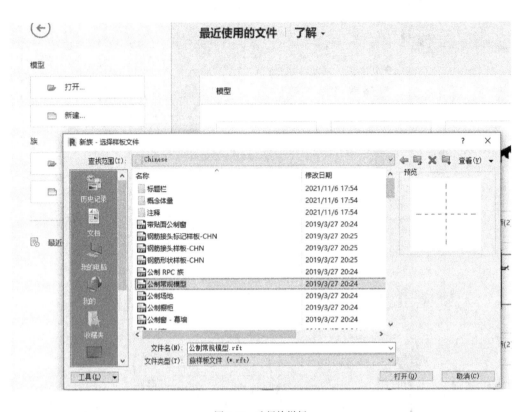

图 3-38　选择族样板

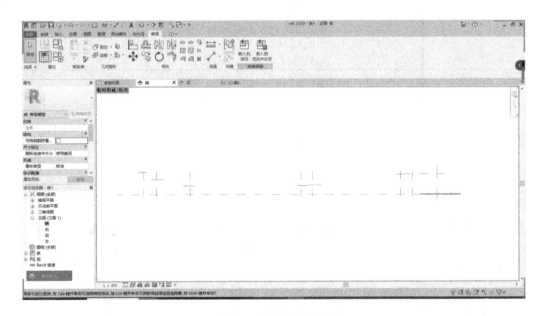

图 3-39　定位预应力钢筋

其次,选择【前立面】进行绘制路径操作。此案例用到【线】【起点-终点-半径弧】两个线形,绘制路径如图 3-40 所示,点击【完成】按钮结束绘制。

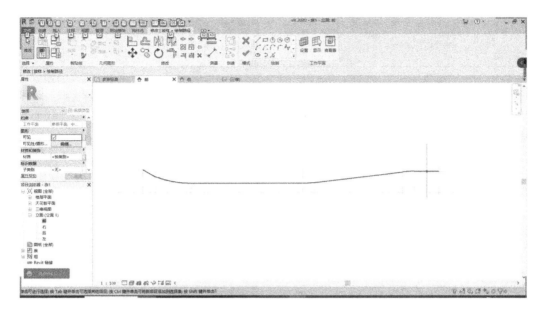

图 3-40　绘制路径

再次,点击【编辑轮廓】,在弹出的对话框中选择【立面:右】,在绘制工具中选择【圆】,绘制如图 3-41 所示的圆。

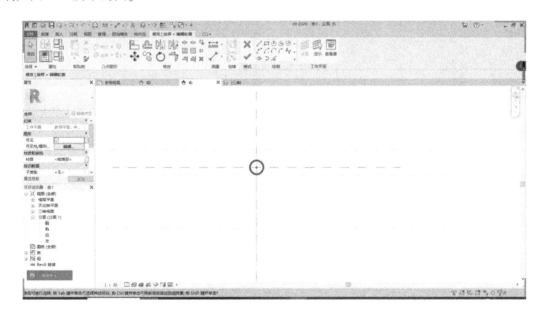

图 3-41　绘制圆

最后,点击【完成】按钮,即绘制完成。点击三维视图查看,如图 3-42 所示。其他预应力钢筋按照相同的操作进行绘制即可。

(2)绘制普通钢筋。

①进入 Revit 软件操作界面,选择新建项目。

②进入项目后,点击【插入】工具栏,选择【载入族】,如图 3-43 所示。

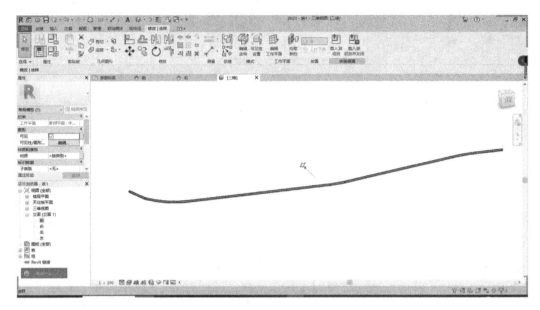

图 3-42 绘制完成的预应力钢筋

图 3-43 找到【载入族】

在弹出的对话框里选择已经创建好的箱梁模型,因为基于实体才能放置钢筋,所以这里需要先载入画好的箱梁族。

③点击【结构】选项卡,再选择钢筋工具栏内的【钢筋保护层设置】,填入图纸要求的钢筋保护层厚度,如图 3-44 所示。

④选择一个剖面,转到剖面视图。

⑤点击【结构】选项卡,选择【钢筋】,视图右侧会出现钢筋形状,选择需要的钢筋形状,如图 3-45 所示。比如,放置箍筋,则选中图纸中箍筋的形状。

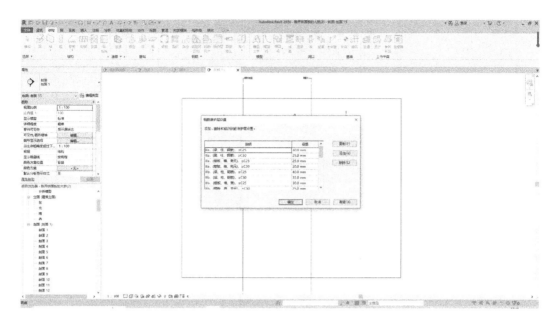

图 3-44　设置钢筋保护层厚度

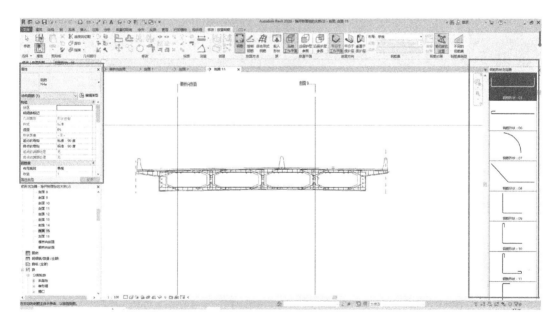

图 3-45　选择钢筋形状

⑥根据图纸要求,点击左侧【属性】下拉列表,选择正确的钢筋类型,如图 3-46 所示。

⑦将鼠标放在需要放置的部位,单击鼠标左键进行箍筋的放置,创建完成的箍筋如图 3-47 所示。(箍筋接头的位置可以通过按空格键进行调整)

其他受力钢筋的放置操作与箍筋大同小异,灵活应用即可。

图 3-46 选择钢筋类型

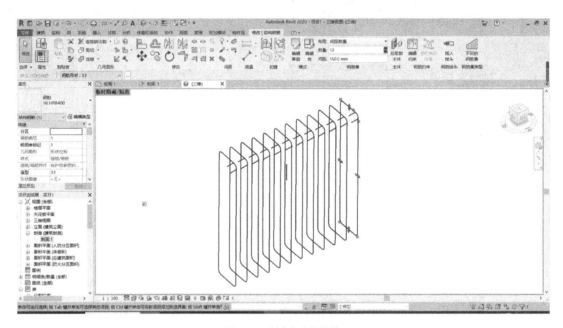

图 3-47 创建完成的箍筋

【本章节配有视频教学数字资源,资源编号为 S-14、S-15,请扫描封面二维码查看】

思考题

3-1 构件建模深度如何划分?
3-2 桥梁族库有哪些特性?
3-3 桥梁构件如何实现参数化?
3-4 如何创建钢筋模型?

操作题

采用Revit软件创建图纸的桥梁构件模型,未注明尺寸自拟。
【本章节操作题图纸,资源编号为T-02,请扫描封面二维码查看】

第 4 章
Dynamo 参数化建模

本章对 Dynamo 软件进行介绍,让读者对 Dynamo 软件有初步的认识,并能够使用 Dynamo 软件进行参数化建模。

4.1　Dynamo 软件介绍

在异形体建模和数据分析处理方面,Revit 一直存在很多局限性,且没有一款插件可以让使用者直接对 Revit 程序进行二次开发以快速解决问题。直至 2014 年,随着 Dynamo 可视化编程软件的出现,这些问题开始迎刃而解。Dynamo 是一款同时具有计算式设计与可视化编程功能的软件。可视化编程语言是基于计算式设计的程序语言,计算式设计是指通过编写脚本来生成设计解决方案的方法。与使用其他程序语言进行编程不同,Dynamo 可视化编程是在图形化的操作界面中调用程序节点包进行编程。

作为 Autodesk 公司推出的一款可视化编程软件,Dynamo 既可以独立运行,也可以作为 Revit 的开源插件,这也是 BIM 建模人员最常使用的方式。Dynamo 可以辅助进行数据信息分析和复杂异形体设计,填补了 Revit 以可视化方式处理模型与管理数据信息的空缺,二者相辅相成,将 BIM 技术的运用提到更高的层次。

4.1.1 Dynamo 参数化建模流程原理

Dynamo 作为 Revit 的开源插件,其参数化的建模是在 Revit 环境中完成的,二者之间的数据可以相互传递。当二者同时运行时,其数据就开始交互,操作界面中的原点也在同一位置。只要 Dynamo 中的程序对 Revit 构件进行关联并作出数据处理,在 Revit 界面中此构件也会在相同位置显示对应的变化,不同的是最终 Dynamo 程序中生成的是相应的代码符号,需要将其转换到 Revit 中成为实体。如果后续需要对 BIM 模型进行修改,只需要在对应的 Dynamo 文件中进行直观、简便的修改即可,在运行成功后就能在 Revit 中看到变化。二者之间的信息交互流程如图 4-1 所示。

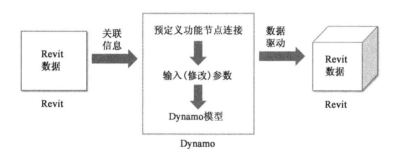

图 4-1 Revit 与 Dynamo 信息交互流程示意图

上述的信息交互流程是通过由一个个节点组成的 Dynamo 程序来实现的。如图 4-2 所示,Dynamo 常用节点由五个部分构成:节点名称、节点输入端、节点输出端、连缀图标、节点面板。Dynamo 软件自带了分析、显示、几何、运行等八个基本大类的上百个节点,同时在节点管理库中还提供其他节点的下载功能。用户在操作时既可以单独使用节点,也可以组合使用节点,将具有简单功能的节点通过逻辑连接起来,合成具有复杂功能的节点包,方便快速建模和处理数据。除此之外,为满足用户需求,Dynamo 还提供了自定义节点的功能,用户可以通过 Python Script 输入代码编写节点,如图 4-3 所示。

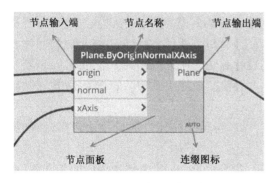

图 4-2 Dynamo 常用节点样式

图 4-3 Python Script 编辑界面

4.1.2 Dynamo 软件具体功能

Dynamo 软件的功能或者价值主要体现在两个方面:一是可视化编程三维设计,二是模型信息的管理与应用。Dynamo 在桥梁结构 BIM 建模方面的具体功能为数据批量处理、异形结构创建、快速放置族构件等。

（1）数据批量处理功能。Dynamo 可利用 Excel 等数据处理软件进行数据的导入或导出，通过调用 Revit 文件中的数据来管理建筑信息，数据结构灵活性更强。Dynamo 不仅可以强化 Revit 的建模功能，还可以辅助其进行数据管理，通过二者的数据交互，实现模型信息的批量处理。

（2）异形结构创建功能。实践证明，Revit 软件基于其基础的拉伸、放样、融合等功能要完成特殊的异形构件的创建难度很大，费时又费力，还不一定能达到很好的效果。而 Dynamo 可以弥补这一不足，通过 Dynamo 中相关的功能节点，如"Element. Geometry""Solid. ByLoft""PolyCurve. ByjoinedCurves""Springs. FamilyInstance. ByGeometry"等协力合作，可以轻松完成对异形构件 BIM 模型的创建。

（3）快速放置族构件功能。Revit 建模中一般的族构件放置方法是在确定族构件位置之后再手动进行放置。采用这种方法时，若是在形状规律的结构中放置相同构件还可用阵列、位移、复制等方法进行更便捷的操作，但对于其他情况就要手动一个个放置，效率极低。若采用结合 Dynamo 的模式，只需将族构件的各项位置信息录入程序中，就可实现自动化批量放置。

4.1.3　Dynamo 参数化建模流程

作为 Revit 的开源插件，建模人员可以在 Dynamo 中根据实际需求，在基于节点包的可视化界面进行程序设计，对 Revit 软件中的构建模型及其属性信息等数据进行创建、编辑、分析。编写流程如图 4-4 所示。

图 4-4　Dynamo 程序编写流程

在这个过程中，建模人员需要在掌握基础数据编程逻辑的基础上，依据实际需求，分析构件特点，确定控制构件参数的相关节点，通过各节点之间输入、处理、输出的基本逻辑将其串联起来组成相应的设计算法程序；随后对初步完成的设计算法程序进行相关参数的录入、调整并运行程序，再根据运行结果对当前算法程序进行修改、优化，最终达到预期的效果，完成参数化建模。

基于以上参数化建模程序编写原理，可以得出针对桥梁结构构件的参数化建模流程，如图 4-5 所示。

此外，在进行 Dynamo 桥梁构件参数化建模之前，需要先在 Revit 中创建相应的族文件，此时软件系统提供很多族样板供建模人员选择，但是由于"公制常规模型"族样板可以智能适应截面变化，在 Dynamo 众多节点的应用中适用性强，所以本节建模过程中在族样板的选择上主要采用"公制常规模型"族样板。

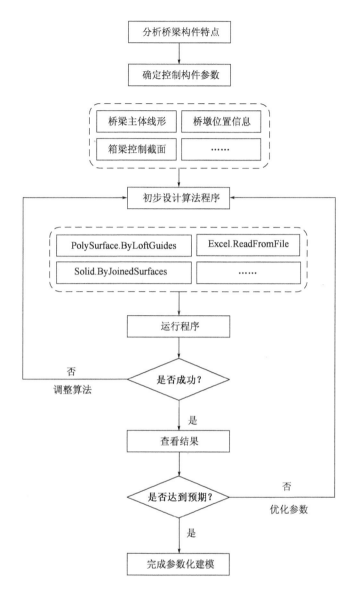

图 4-5 桥梁构件 Dynamo 参数化建模流程

4.2 Dynamo 软件界面介绍

4.2.1 启动 Dynamo

(1)安装 Revit 软件以后,双击桌面的快捷方式就能进入 Revit 软件界面(此处以 Revit 2021 为例)。

(2)新建一个 Revit 项目文件,此处以构造样板为例,如图 4-6 所示。

(3)在 Revit 功能区界面中的【管理】板块,点击 Dynamo 图标将其启动,如图 4-7 所示。

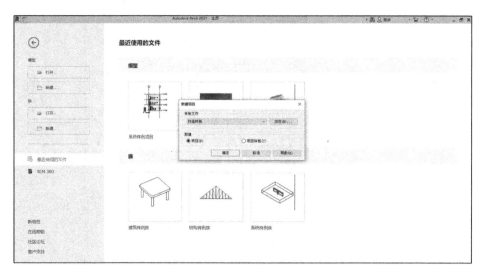

图 4-6　新建构造样板项目文件

图 4-7　在 Revit 软件中启动 Dynamo

4.2.2　Dynamo 初始界面

如图 4-8 所示为 Dynamo 软件的初始界面,共分为七个板块。各板块名称及功能介绍如表 4-1 所示。

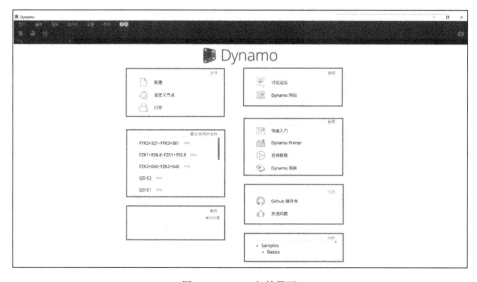

图 4-8　Dynamo 初始界面

初始界面分区介绍   表4-1

序号	名 称	功 能
1	文件	可新建dyn文件或自定义节点,可以打开计算机中已有的项目文件
2	最近使用的文件	可一键快捷打开最近使用的文件
3	备份	可浏览打开Dynamo备份文件,或更改备份文件位置
4	询问	可访问论坛及Dynamo网站,以解决相关问题
5	参照	可点击查看相关的Dynamo操作教程及参考文件
6	代码	可进入Github储存库获取相关节点代码,参与节点开发
7	样例	可查看软件自带Dynamo样例,以熟悉软件操作

4.2.3 Dynamo操作界面

如图4-9所示为Dynamo软件的操作界面,共分为五个部分。各部分名称及功能介绍如表4-2所示。

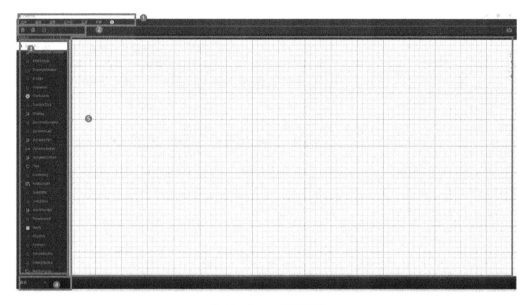

图4-9 Dynamo操作界面

操作界面分区介绍   表4-2

序号	名 称	功 能
1	菜单栏	包括文件、编辑、视图、软件包、设置、帮助、通知等方面的相关功能
2	快捷工具栏	包括文件新建、打开、保存等功能,以及操作步骤的撤销、恢复功能
3	节点库	包含以Analyze(分析节点)、BuiltIn(内置节点)、Core(核心节点)、Display(显示节点)、Geometry(几何图形节点)、Office(办公软件相关节点)、Operator(运算节点)、Revit(Revit相关节点)等八大种类节点为基础的节点库
4	运行键	运行编制好的节点程序以生成模型,可选择手动或自动
5	工作空间	可在节点程序编制界面与模型查看界面中来回切换

【本章节配有视频教学数字资源,资源编号为S-16,请扫描封面二维码查看】

4.3 常用节点功能介绍

4.3.1 基础节点

(1) Code Block。

Code Block 是 Dynamo 中"万金油"式的节点,具有多重功能。如表 4-3 所示,可总结为四种用途:输入数据、创建编辑列表、运行节点、定义函数。

Code Block 用途介绍　　　　表 4-3

序号	用途	介绍
1	输入数据	可用于输入数值、字符串、公式等建模所需数据
2	创建编辑列表	包括文件新建、打开、保存等功能,以及操作步骤的撤销、恢复功能
3	运行节点	可运行包含以 Analyze(分析节点)、BuiltIn(内置节点)、Core(核心节点)、Display(显示节点)、Geometry(几何图形节点)、Office(办公软件相关节点)、Operator(运算节点)、Revit(Revit 相关节点)等八大种类节点为基础的节点库
4	定义函数	运行编制好的节点程序以生成模型,可选择手动或自动

如图 4-10 所示,使用 Code Block 可直接输入数字,加上双引号可输入字符串,也可以输入数学运算公式进行自动计算。此外,还可以结合"Number Slider"等控制数值的节点,对数学方程式中的未知数进行求解。

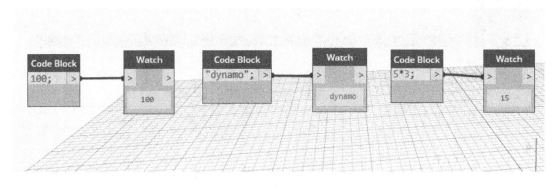

图 4-10　Code Block 输入数据

如图 4-11 所示,使用 Code Block 可任意创建列表,通过中括号、逗号、井号等符号的运用,可以创建不同类型的列表,包括数值列表和字符串列表,还可以对所创建的列表进行进一步编辑。

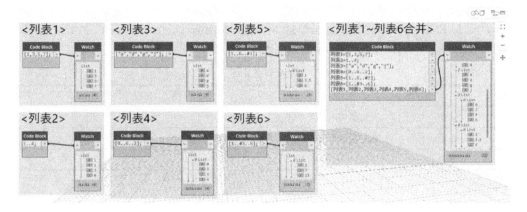

图 4-11　Code Block 创建编辑列表

如图 4-12 所示,在 Code Block 中输入相关命令及参数,即可方便快捷地调用命令并运行。

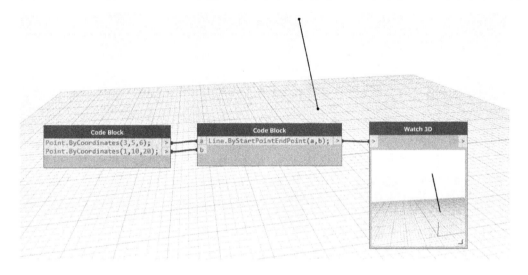

图 4-12　Code Block 运行节点

如图 4-13 所示,可运用 Code Block 先定义函数,再利用其输入数值和运行命令的功能调用此函数,并对其参数进行复制,从而创建图形。

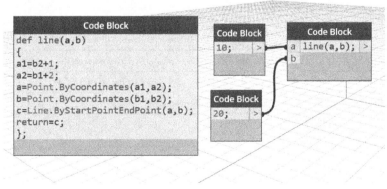

图 4-13　Code Block 定义函数

(2)其他输入节点。

除了 Code Block 节点,输入节点还包括 Number、Number Slider、String 等节点,各节点输入数据的类型及方式各有不同,如表 4-4 所示。

输入节点介绍   表 4-4

序号	节点	介绍
1	Number	可直接输入任意数值
2	Number Slider	通过滑块控制数值及其所处区间
3	String	可输入任意字符串

(3)其他列表节点。

除了 Code Block 节点,列表节点还包括 Range、Sequence、List.Creat 等列表创建节点,以及 List 系列等列表编辑节点,可实现对列表中的项进行获取、平移、排序、翻转、删除、添加、统计、导入、导出等功能,如表 4-5 所示。

列表节点介绍   表 4-5

序号	功能种类	节点
1	列表创建	Range、Sequence、List.Creat 等
2	列表编辑	List.GetItemAtIndex、List.ShiftIndices、List.Reverse、Count、Excel.ReadFromFile、Excel.WriteToFile 等

(4)其他运算节点。

除了 Code Block 节点,运算节点还包括 Operators、Math 等分类下的节点,如 Math.PI、Math.Sin、Math.RadiansToDegrees、Math.DegreesToRadians、Math.Round 等节点,类似 Excel 软件里的各种函数式。

4.3.2 与 Revit 关联的节点

Dynamo 软件中还提供了一系列与 Revit 相关的节点,以便用户更加高效率地进行 BIM 模型创建。如表 4-6 所示,与 Revit 关联的节点具有选中图元、设置图元参数、创建图元、分析模型、提取构件信息等功能。

与 Revit 关联的节点   表 4-6

序号	功能	节点
1	选中图元	Select 分类下各节点,如 Select Model Element
2	设置图元参数	Element.GetParameterValueByName、Element.SetParameterByName 等
3	创建图元	StructuralFraming.BeamByCurve、Wall.ByCurveAndlevels 等
4	分析模型	Element.OverrideColorInView、SunSettings.SunDirection 等
5	提取构件信息	Element.GetParameterValueByName 等

4.3.3 常规几何体创建节点

除了以上几类节点,在节点库 Geometry(几何图形)分类下,还有许多可完成常规几何体创建的节点,如表 4-7 所示。

常规几何体创建节点   表4-7

序号	功能	节点
1	创建直线	Line.ByStartPointEndPoint
2	创建圆形	Circle.ByCenterPointRadius
3	创建多边形	Polygon.ByPoints、Polygon.RegularPolygon 等
4	创建长方体	Cuboid.ByLengths
5	创建球体	Sphere.ByCenterPointRadius

（1）创建直线。

如图4-14所示，使用Line.ByStartPointEndPoint节点，通过输入两个坐标点即可创建直线。

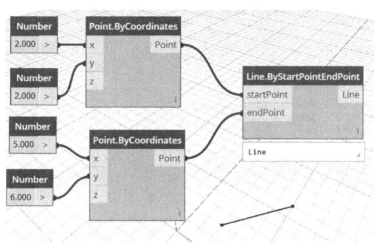

图4-14 创建直线

（2）创建圆形。

如图4-15所示，使用节点Circle.ByCenterPointRadius，通过输入圆心坐标点和半径创建圆形。

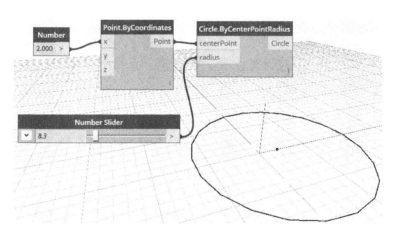

图4-15 创建圆形

（3）创建多边形。

创建多边形一般使用Polygon.ByPoints节点，通过输入各个顶点的坐标，并使用List.

Create 节点,将多个坐标点放置在一个列表集合里。将这些列表作为输入项,连接 List. Create 节点形成多边形(图 4-16)。此外,另一种用于创建多边形的节点为 Polygon. RegularPolygon,可生成圆内接等边长的多边形(图 4-17)。

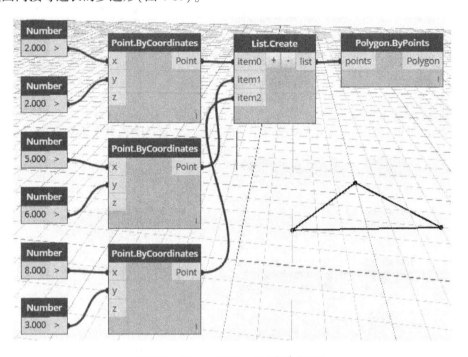

图 4-16　Polygon. ByPoints 节点创建多边形

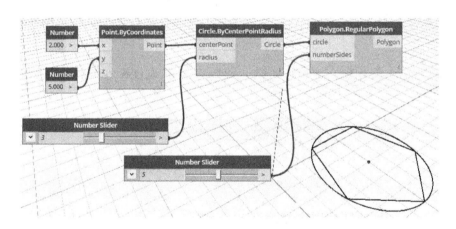

图 4-17　Polygon. RegularPolygon 节点创建多边形

(4)创建长方体。

如图 4-18 所示,使用 Cuboid. ByLengths 节点,通过输入长方体的中心坐标点和长、宽、高的数值即可创建长方体。

(5)创建球体。

如图 4-19 所示,使用 Sphere. ByCenterPointRadius 节点,通过输入球心坐标点和半径生成球体。

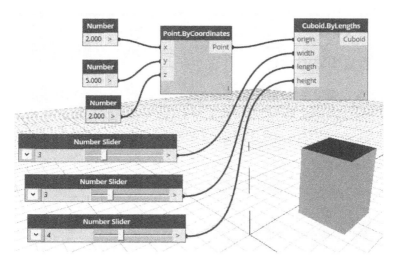

图 4-18 创建长方体

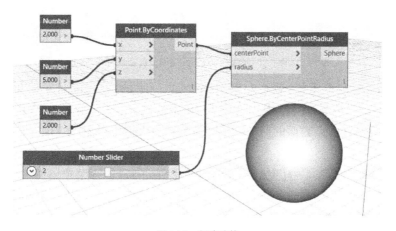

图 4-19 创建球体

【本章节配有视频教学数字资源,资源编号为 S-17,请扫描封面二维码查看】

4.4 Dynamo 桥梁建模应用

基于以上的 Dynamo 常用节点,配合从官网下载的其他桥梁建模节点,通过编制一系列节点程序可实现桥梁 BIM 模型的快速创建。本小节通过对曲线箱梁桥各部分构件 BIM 建模的举例说明,展示 Dynamo 在桥梁建模方面的应用。

由于公路桥梁一般具有一定的坡度起伏,如果使用 Revit 自带的放样融合等功能,难以达到依据图纸精准绘制曲线箱梁桥的目的,因此使用 Dynamo 是一个精确而便捷的方式。

使用 Dynamo 创建变截面曲线箱梁桥的核心节点是 Solid.ByLoft 节点,其功能是根据提供的两侧截面,精确扫掠提供的路径来生成实体,自动融合变截面,来创建横截面具有一定坡度的空间曲线箱梁。通过该节点,可以有效避免 Revit 放样融合无法兼具坡度和曲线的问题,从而获得理想的桥梁。本案例的主要思路是先在 Dynamo 中确定需要扫掠的路径,也就是桥梁的特征线,随后在各位置插入所需的截面,再利用 Solid.ByLoft 节点生成实体。

4.4.1 上部结构箱梁创建

(1)利用圆心确定箱梁主体线形。

确定桥梁线形可采用"点-线"模式。首先在 CAD 平面图纸的辅助下,在桥梁线形上选取能够确定其平面形状的点,并以此点为圆心画圆,如图 4-20 所示。

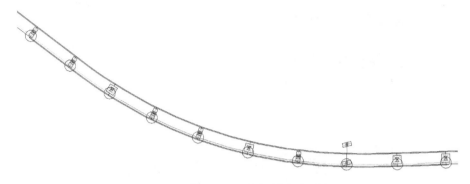

图 4-20 借助 CAD 图在线形节点处画圆

通过 Dynamo 左侧搜索栏,或在左侧 Revit 节点库下的【selection】子菜单中,找到 Select Model Elements 节点,该节点的作用为选中 Revit 中的图元,是一个典型的用于交互的节点。创建该节点,再点击该节点界面的【选中】,回到 Revit 中选中以上创建的圆,再返回 Dynamo 界面中。

其次,找到 Revit 节点库中【Elements】子菜单【Element】二级菜单下的 Element.Geometry 节点,连接 Element 与 Geometry 两个节点,Geometry 节点会将上一节点获得的 Revit 图元变换成 Dynamo 可用的几何图形。

接着,运用 Dynamo 中 Circle.CenterPoint 节点获取圆心点,再通过 Flatten 节点形成一个一阶的列表,这个列表可以将拾取到的圆心依次排列,以便下一步变换时一一对应标高。

最后,创建一个 Code Block 节点,将桥梁各个特征点的标高依次输入,用逗号隔开,这些特征点的标高一般可从 CAD 中获得,或是从桥梁的设计资料表格中获取。再通过 Geometry.Translate 节点进行变换,获得精确的特征点位置。

接下来利用 Dynamo 连接成线。先使用 NurbsCurve.ByPoints 节点,将这些点连接成平滑的曲线,这条曲线就是所需要的路径。一般的箱梁桥都会在一定位置设缝以便施工,双击空白处创建 Code Block 节点,输入设缝所在特征点的序号,格式是任意一个字母加上"[ ]",方括号中填入序号,如 a[0],其作用是提取该序号的项,在此情境中即为特征点。注意在 Dynamo 中,序号从 0 开始,另外在提取时,同一个 Code Block 节点中,字母需要保持一致。然后创建一个 List.Create 节点,将这些点合成一个列表。使用 Curve.SplitByPoints 节点,在这些特征点处将路径截断为多条线段,这样在之后扫掠时就会分段扫掠,达成设缝的目的,再使用 Code Block 节点提取需要的线段作为路径。单击【运行】查看是否存在问题,至此可以将以上操作保存,以防后续操作误触改动,如图 4-21 所示。

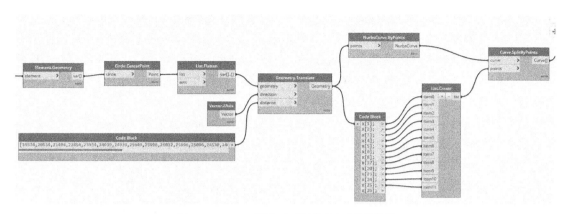

图 4-21　Dynamo 通过"点-线"模式生成箱梁线形

（2）通过控制截面确定箱梁主体形状。

采用"面-面-实体"的模式来对桥梁主体箱梁进行实体创建，如图 4-22 和图 4-23 所示。先在"利用圆心确定箱梁主体线形"画圆的线形控制点步骤中选取箱梁截面发生变化的点，使用 Revit 创建一个常规模型族，根据 CAD 图用参照线在立面绘制箱梁截面。然后插入此处箱梁截面轮廓族，注意要在平面中旋转至垂直于特征线切线的角度，以便在 Dynamo 进行放样融合。

图 4-22　在箱梁截面变化处插入此处轮廓族

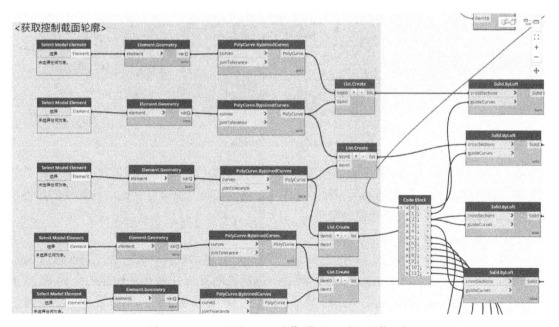

图 4-23　Dynamo 通过"面-面-实体"模式生成箱梁实体程序

使用多个 Select Model Element 节点分别选中放置的截面,再用 Element.Geometry 节点,将图元转换为几何图形,用 PolyCurve.ByjoinedCurves 节点,将截面多段线组合成整体,以便后续作为截面进行放样融合。随后利用 List.Create 节点将截面两两组合,以对应利用圆心创建的路径再进行放样融合。运用 Solid.ByLoft 节点,通过两个截面轮廓加放样融合路径生成实体,方便、快捷、精准,特别适用于变截面箱梁实体的建模。

最后使用 Springs 节点库的 Springs.FamilyInstance.ByGeometry 节点,将创建的 Dynamo 实体以族的形式导入 Revit 项目,该节点库可以通过 Dynamo 操作界面上方的【软件包】选项卡中的【搜索软件包】下载使用。使用 File Path 节点选定族样板的路径指定以何种族类型导入,使用 Code Block 节点键入族名字,并用 String from Object 节点转换为字符串来作为导入族的名字。单击左下方【运行】,再保存 Dynamo 文件,在 Revit 项目中查看,整个流程就完成了。

(3)利用高程值控制纵向曲率。

在(1)中已提到通过赋予各圆心点竖向位移以确定箱梁线形,其原理就是利用各点高程值来控制箱梁线形的纵向曲率,如图 4-24 所示,在 Dynamo 中设置 Geometry.Translate 节点的【direction】属性为 Z 轴方向的矢量,并在其【distance】属性中赋予各点高程值,就可实现纵向曲率的控制。

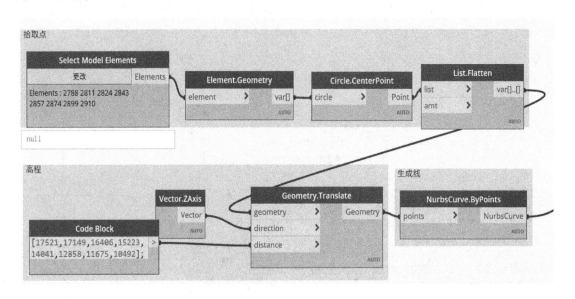

图 4-24　设置圆心点高程值控制纵向曲率

此外,在(2)中插入箱梁控制截面轮廓时还需要对轮廓族的高程进行设置,以避免最后放样融合生成的实体纵向曲率与实际不符。如图 4-25 所示,通过箱梁控制截面轮廓族的属性界面设置其偏移量,即可完成高程值的赋予。

(4)生成箱梁主体。

先在 Dynamo 中拾取道路中心线线形并获取其"curve"线;然后通过 Plane.ToCoordinateSystem 节点建立坐标系;再将箱梁横截面轮廓导入并转化到建立的坐标系上,同时旋转其角度,以达到横坡的控制;最后通过放样融合功能得到箱梁实体,并通过 ImportInstance.ByGeometry 节点将实体导入 Revit 中,如图 4-26 所示。

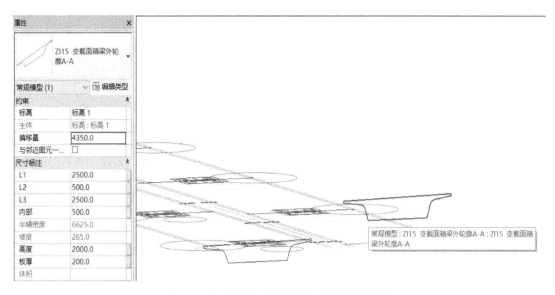

图 4-25 设置控制截面轮廓族高程值控制纵向曲率

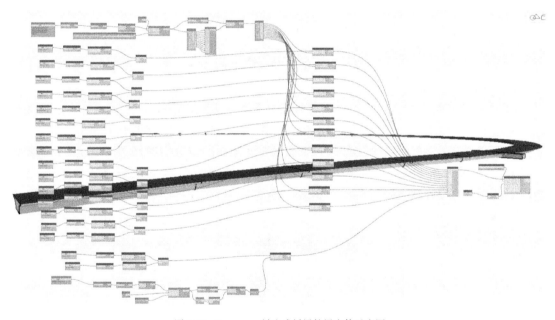

图 4-26 Dynamo 一键生成桥梁箱梁主体示意图

4.4.2 下部结构桥墩创建

桥梁下部结构分为桥墩和桥台。桥墩一般有常规形状的桥墩,以及建模较为困难的花瓶桥墩。前者的建模程序较为简单、常规,通过 Revit 即可完成。因此本节主要通过花瓶桥墩的建模来展示 Dynamo 在桥梁下部结构中的应用。

(1) Revit 创建花瓶墩横截面轮廓。

第一步创建截面,使截面的长度、宽度在不同的高度上可以随意改变。

利用"公制常规模型"样板中的【模型线】功能创建一个截面,并设置好约束,给约束赋予

【族参数】,通过长度、宽度、墩高、半径等参数确定截面形状、尺寸。这里的族参数需要设置为实例参数,以便后续使用 Dynamo 程序进行参数获取、修改,如图 4-27 所示。

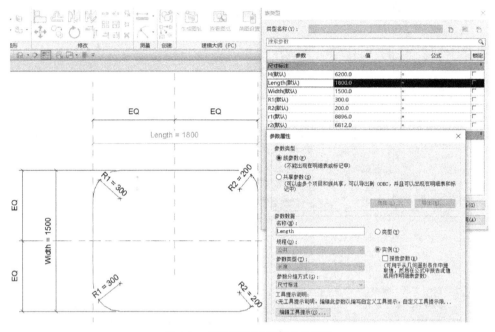

图 4-27　创建花瓶墩实例参数轮廓族

(2) Dynamo 精确建模。

先将上一步的截面族载入另一个新建项目文件中,以调用 Dynamo 创建实体。然后通过 Dynamo 选中该截面族,利用节点 FamilyInstance.ByCoordinates 通过族类型 Family Types 和坐标 (x, y, z) 来放置底部截面。通过图纸可知不同高度截面的位置与墩高 H 有关,其中变截面开始的高度位置为 H-4200。因此通过获取截面族中的实例参数墩高 H,并加以运算,平均放置变截面段的各控制截面,如图 4-28 所示。

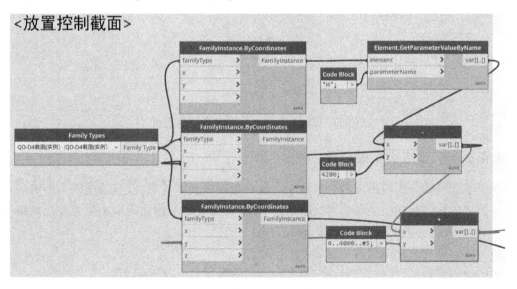

图 4-28　放置花瓶墩变截面段控制截面

接着利用三角函数关系得到截面长度、宽度与高度之间的函数关系，以设置各截面尺寸，最后运用"面-面-实体"模式创建花瓶墩变截面段实体。此过程部分 Dynamo 程序如图 4-29 所示。最终生成的花瓶墩实体如图 4-30 所示。

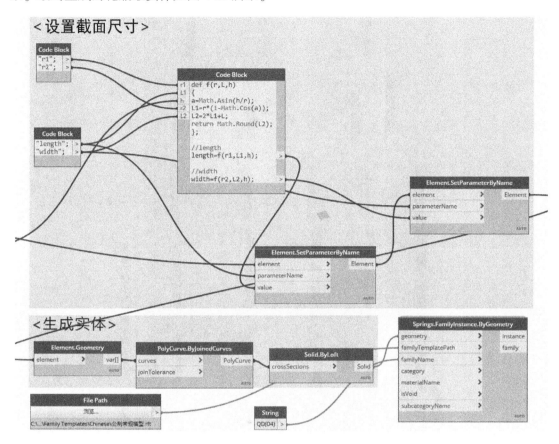

图 4-29　设置截面尺寸并生成实体部分程序

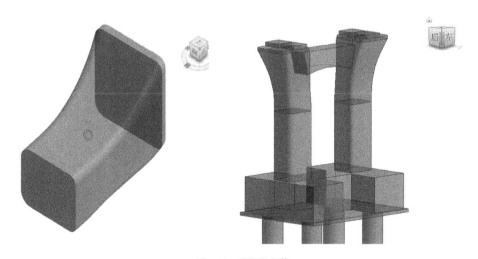

图 4-30　花瓶墩实体

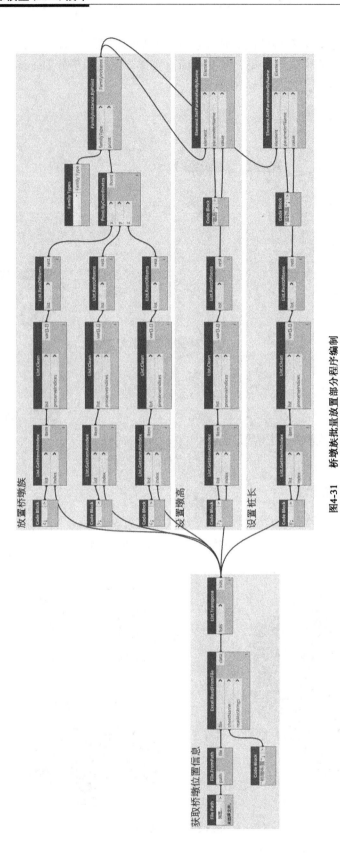

图4-31 桥墩族批量放置部分程序编制

最后利用 Dynamo 的信息处理功能进行桥墩族的批量放置,如图 4-31 所示。先将空间曲线箱梁桥各桥墩位置信息整理汇总成一个 Excel 表格,运用 Excel.ReadFromFile 或 Data.ImportExcel 节点读取桥墩位置信息;随后从桥梁构件族库中调取桥墩族,并将桥墩族放置到各相应位置;最后对各桥墩进行墩高和桩长的设置,完成桥墩的布置。最终桥墩布置效果如图 4-32 所示。

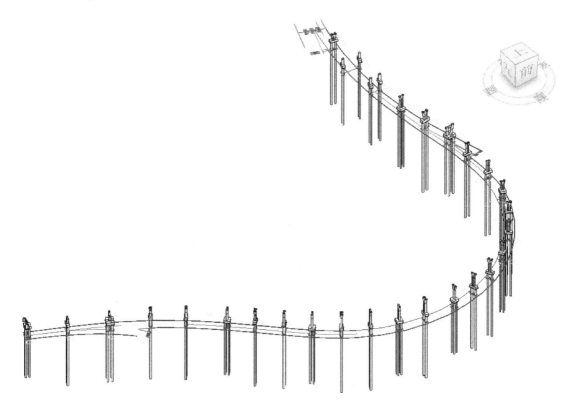

图 4-32　Dynamo 桥墩布置效果

4.4.3　附属结构模型创建

(1)桥面铺装层创建。

在完成箱梁主体建模的基础之上,通过节点拾取箱梁顶部表面轮廓,并在竖直方向上设置桥面铺装层厚度值,直接向上放样生成桥面铺装层实体。创建程序如图 4-33 所示。

(2)护栏族快速创建。

在已生成桥面铺装层的基础上,创建护栏族时可直接拾取相应位置铺装层的边作为路径,再载入护栏横截面轮廓族,通过 Solid.ByLoft 节点一键生成护栏实体。创建程序及护栏布置效果如图 4-34 和图 4-35 所示。

【本章节配有视频教学数字资源,资源编号为 S-18、S-19,请扫描封面二维码查看】

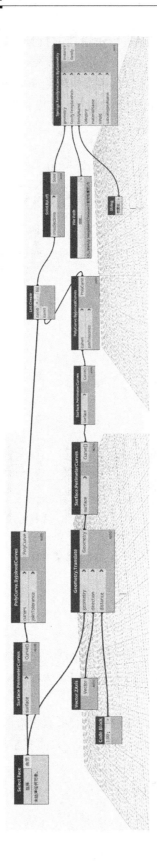

图4-33　Dynamo桥面铺装层创建程序

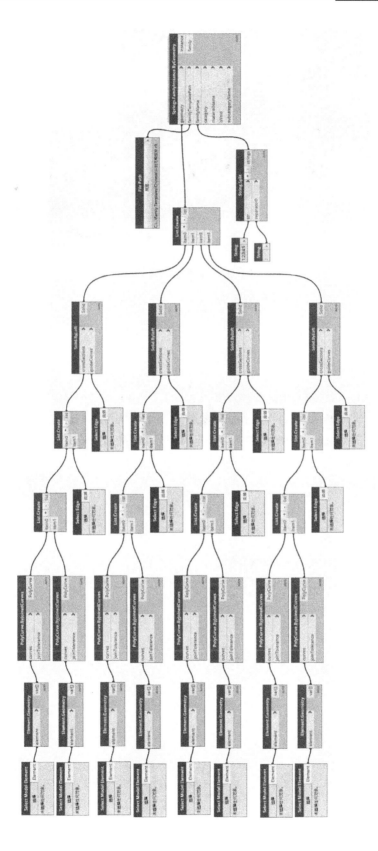

图4-34 Dynamo护栏族创建程序

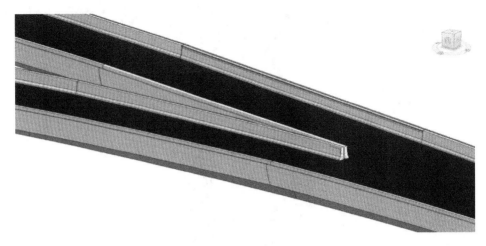

图 4-35　护栏布置效果

思考题

4-1　试阐述 Dynamo 与 Revit 软件的交互关系。

4-2　简述结合使用 Revit 软件和 Dynamo 软件相较于仅使用 Revit 软件的优势。

4-3　在本章桥梁 Dynamo 参数化建模案例中,使用了哪些 Dynamo 节点与 Revit 软件进行交互?

操作题

采用 Dynamo 软件创建曲线梁桥模型。

【本章节操作题图纸,资源编号为 T-03,请扫描封面二维码查看】

第5章
斜拉桥建模实例

本章以斜拉桥为例,详细地讲解其建模步骤,让读者能够掌握斜拉桥的模型创建方法。

5.1 案例概述

5.1.1 工程概况

本章案例工程位于福建省福州市,桥型为双塔双索面斜拉桥。斜拉桥又称为斜张桥,是由斜拉索、索塔、主梁三个部分组成的主梁受压、支撑体系受拉的高次超静定结构。斜拉索分别锚固在索塔和主梁上,为主梁提供弹性支撑,从而大幅度减小主梁弯矩,使主梁截面尺寸得以减小,质量减轻,桥梁的跨越能力提高。本工程桥型布置为(3×35)m + $(35+38+37.5+35)$m + $(37.5+37)$m + $2\times(3\times40)$m + $4\times(4\times40)$m(预应力混凝土箱梁) + $(40+100+280+100+40)$m(结合梁斜拉桥) + $(26.5+26.3)$m + $(33.2+35+35)$m + $(42+39+37)$m + (2×37)m + $3\times(3\times30)$m(预应力混凝土箱梁),其中主桥斜拉桥长度560m,如图5-1所示。

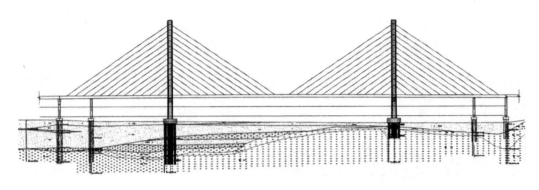

图 5-1 斜拉桥二维图

5.1.2 建模流程

在进行桥梁结构构件 BIM 建模之前,应先对其进行工程实体结构分解。本章结合工程系统分解结构原则从桥梁工程的空间范围和系统结构框架两个角度对其进行工程实体结构分解,如图 5-2 所示。按不同建模精度要求可进一步细分。

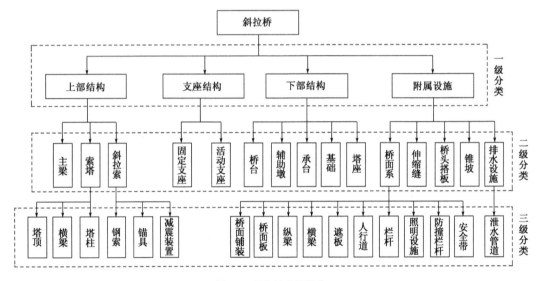

图 5-2 斜拉桥建模划分

划分之后,先建立各构件族,再建立轴网标高进行定位,最后组装斜拉桥。具体建模过程如下。

5.2 斜拉桥族的创建

5.2.1 索塔族的创建

索塔指的是悬索桥或斜拉桥支承主索的塔形构造物,是斜拉桥的主要受力构件,本章案例工程的索塔横截面采用箱形截面。索塔整体呈 A 形，由钢筋混凝土浇筑而成，索塔族（图5-3）包含桩模型、承台模型和索塔模型。

1. 钢护筒和桩模型

绘制钢护筒和桩模型的具体操作：

（1）新建族时选择"公制常规模型.rft"作为模板。

（2）在项目浏览器中切换视图为【参照标高】。

（3）点击【创建】选项卡下【拉伸】命令，系统切换到【修改|拉伸>编辑拉伸】选项卡，如图5-4 所示。

（4）按照桩平面布置图，采用【圆形】命令绘制内半径为1100mm 的钢护筒，采用【偏移】命令（图5-5）完成筒壁厚度为150mm 的钢护筒轮廓绘制（图5-6）。在属性框内设置约束控制钢护筒的长度和材质（图5-7），单击【完成编辑模式】命令，完成钢护筒的绘制。

图5-3 索塔族（一）

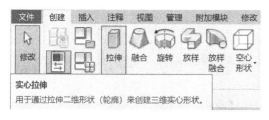

图5-4 【创建】选项卡（一）

图5-5 【偏移】命令（一）

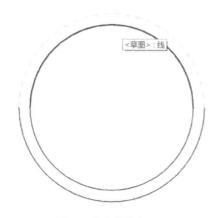

图5-6 钢护筒轮廓（一）

图5-7 钢护筒属性框（一）

（5）同样采用【拉伸】命令绘制混凝土桩，在【修改|拉伸>编辑拉伸】选项卡中采用【圆形】或【拾取线】命令，绘制半径为1100mm 的混凝土桩轮廓（图5-8）。在属性框内设置混凝土桩的长度和材质（图5-9），单击【完成编辑模式】命令，完成桩基的绘制。

（6）按桩位布置钢护筒和桩，采用参考平面或参考线确定桩位，选中钢护筒和桩，采用【复制】命令将其复制到指定位置，如图5-10、图5-11 所示。

（7）选中所有左侧模型，采用【镜像-拾取轴】命令，将左侧的桩基镜像复制到右侧。如图5-12、图5-13 所示。

单独建立各个混凝土桩模型，可以根据图纸对每一根桩的长度进行调整。

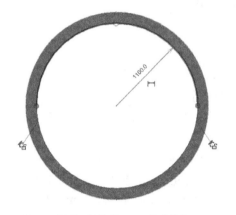

图 5-8 混凝土桩轮廓(一)(尺寸单位:mm)　　图 5-9 混凝土桩属性框(一)

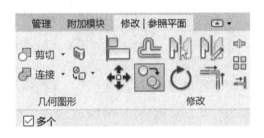
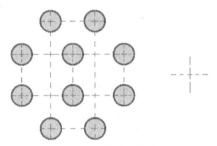

图 5-10 【复制】命令(一)　　图 5-11 左侧桩平面布置(一)

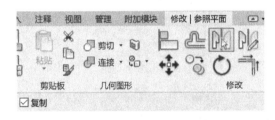
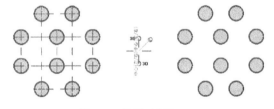

图 5-12 【镜像-拾取轴】命令(一)　　图 5-13 桩平面布置(一)

2. 承台模型

绘制承台模型的具体操作:

(1)在项目浏览器中切换视图为【参照标高】。

(2)点击【创建】选项卡下【拉伸】命令,系统切换到【修改|拉伸 > 编辑拉伸】选项卡。

(3)按照图纸中的几何尺寸绘制左侧第一阶承台的轮廓(图 5-14),在属性框内设置约束控制承台厚度和材质(图 5-15),单击【完成编辑模式】命令,完成第一阶承台的绘制。

(4)按照图纸中的几何尺寸绘制左侧第二阶承台的轮廓(图 5-16),在属性框内设置约束控制承台厚度和材质(图 5-17),单击【完成编辑模式】命令。同样采用【镜像-拾取轴】命令,将左侧的第二阶承台镜像复制到右侧,完成第二阶承台的绘制。

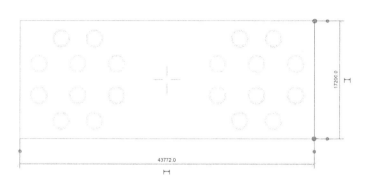

图 5-14 第一阶承台轮廓(一)(尺寸单位:mm)　　图 5-15 第一阶承台属性框(一)

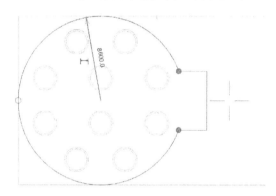

图 5-16 第二阶承台轮廓(一)(尺寸单位:mm)　　图 5-17 第二阶承台属性框(一)

3. 索塔模型

绘制曲线段箱形截面的具体操作:

(1)在项目浏览器中切换视图为【前立面】。

(2)点击【创建】选项卡下【放样融合】命令,系统切换到【修改|放样融合】选项卡,如图 5-18 所示。

(3)在立面中绘制放样路径(图 5-19)后,单击【完成编辑模式】命令。

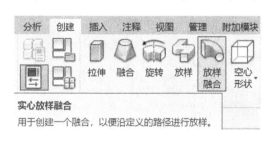

图 5-18 【放样融合】命令　　图 5-19 绘制放样路径(一)

(4)单击【选择轮廓 1】,绘制箱形截面 1,绘制完成后单击【完成编辑模式】命令。按同样的方式绘制箱形截面 2(图 5-20)。在属性框内设置材质,完成箱形截面的实体混凝土部分,还需要在实体模型中绘制空心形状完成箱形截面的绘制。实心模型轮廓 1 和轮廓 2 如图 5-21、图 5-22 所示。

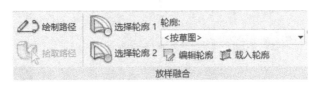

图 5-20　编辑轮廓选项卡

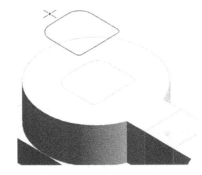

图 5-21　实心模型轮廓 1

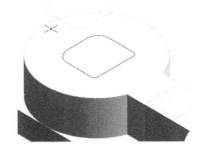

图 5-22　实心模型轮廓 2

(5)选中所得的模型,使用【修改】选项卡下【复制】命令,复制距离为 0,将模型原位复制,选中任意一个模型,单击【修改】选项卡下【编辑放样融合】命令,按图纸中的几何尺寸对模型的轮廓进行修改,再在属性框内将模型由实心改为空心(图 5-23、图 5-24),绘制完成后单击【完成编辑模式】命令。此时若空心模型未自动将实体模型剪切为箱形截面,可以使用【修改】选项卡下的【剪切几何图形】命令完成剪切步骤(图 5-25)。

图 5-23　空心模型轮廓 1

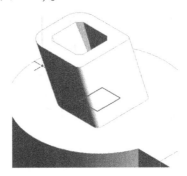

图 5-24　空心模型轮廓 2

图 5-25　【剪切几何图形】命令

(6)重复上述步骤(1)~(4),按照图纸,对每一段箱形截面采用空心形状进行剪切,完成曲线段箱形截面的模型创建(图 5-26)。

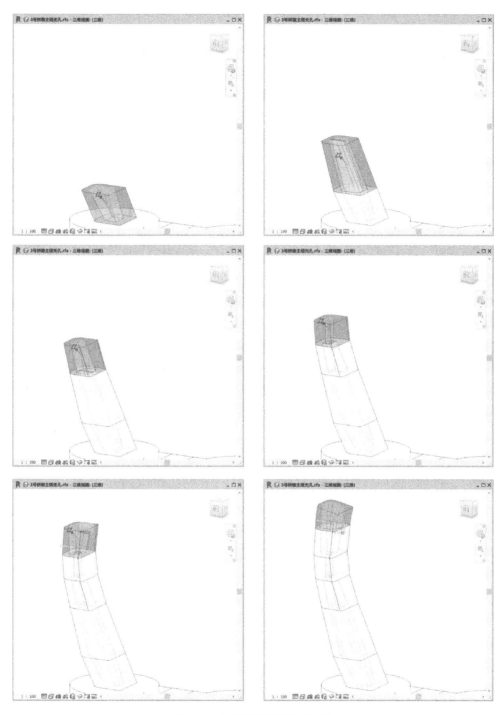

图 5-26 曲线段箱形截面建模过程

绘制直线段箱形截面的具体操作：
(1) 在项目浏览器中切换视图为【前立面】。
(2) 点击【创建】选项卡下【放样】命令，系统切换到【修改|放样】选项卡。
(3) 在立面中绘制放样路径(图 5-27)后，单击【完成编辑模式】命令。

(4)点击【选择轮廓】→【编辑轮廓】,按照图纸,绘制箱形截面的轮廓(图5-28),绘制完成后单击【完成编辑模式】命令。

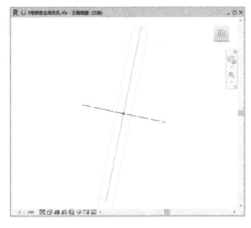

图5-27　绘制放样路径(二)　　　　　　图5-28　箱形截面轮廓

绘制索塔顶部的具体操作:
(1)在项目浏览器中切换视图为【前立面】。
(2)点击【创建】选项卡下【拉伸】命令,系统切换到【修改|拉伸＞编辑拉伸】选项卡,绘制索塔顶部的轮廓(图5-29),在属性对话框中设置约束控制索塔顶部厚度及材质(图5-30)。
(3)点击【创建】选项卡下【空心】命令,系统切换到【修改|空心形状】选项卡,按图纸创建各类空心形状,剪切实体拉伸的内部。内部空心剪切后的索塔顶部模型如图5-31所示。

  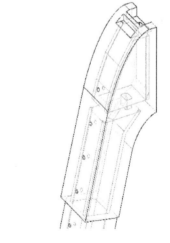

图5-29　索塔顶部轮廓　　　图5-30　索塔顶部属性框　　　图5-31　内部空心剪切后的索塔顶部模型

(4)点击【创建】选项卡下【空心放样】命令,系统切换到【修改|空心形状】选项卡,按图纸创建空心放样,采用【拾取路径】拾取拉伸后实体的放样路径(图5-32),绘制相应的轮廓(图5-33),剪切实体拉伸的边缘。绘制完成的索塔顶部模型如图5-34所示。
(5)选中所有左侧模型,采用【镜像-拾取轴】命令,将左侧的模型镜像复制到右侧。
(6)同样采用【拉伸】和【空心形状】功能,创建横梁模型(图5-35)。
(7)切换到【前立面】,采用【模型线】命令对拉索的锚拉点进行分段标记。

图 5-32 边缘的空心放样路径　　图 5-33 边缘的空心放样轮廓　　图 5-34 索塔顶部模型

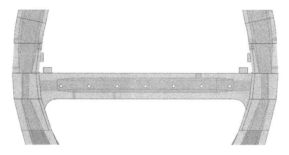

图 5-35 横梁模型

5.2.2 桥墩族的创建

斜拉桥主体桥墩有两种类型,依次创建两种类型的桥墩,如图 5-36、图 5-37 所示。

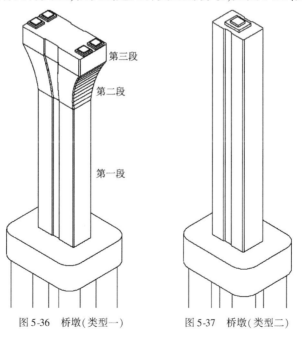

图 5-36 桥墩(类型一)　　图 5-37 桥墩(类型二)

1. 钢护筒、桩及承台模型

按照 5.2.1 中 1 和 2 的建模步骤,完成桥墩族的钢护筒、桩和承台模型的创建(图 5-38),在属性框内设置约束控制钢护筒和桩的长度和材质,设置约束控制承台的厚度和材质(图 5-39)。

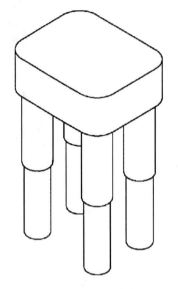
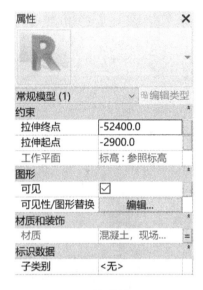

图 5-38　钢护筒、桩和承台模型(一)　　　　图 5-39　桩属性框(一)

2. 立柱模型

桥墩(类型一)的立柱分为三段,分段绘制的具体操作如下:
(1)在项目浏览器中切换视图为【参照平面】。
(2)点击【创建】选项卡下【拉伸】命令,系统切换到【修改│拉伸＞编辑拉伸】选项卡。
(3)绘制立柱第一段的截面轮廓(图 5-40),在属性框内设置约束控制立柱的长度和材质(图 5-41),单击【完成编辑模式】命令,完成立柱第一段的绘制。

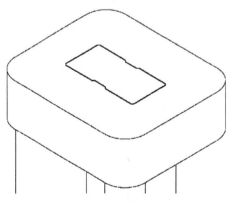

图 5-40　立柱第一段截面轮廓　　　　图 5-41　立柱第一段属性框

(4)在项目浏览器中切换视图为【前立面】。
(5)点击【创建】选项卡下【拉伸】命令,系统切换到【修改│拉伸＞编辑拉伸】选项卡。
(6)绘制立柱第二段的实体模型轮廓(图 5-42),在属性框内设置约束控制立柱的长度和材质(图 5-43),单击【完成编辑模式】命令,完成立柱第二段的绘制。

图 5-42 立柱第二段轮廓　　　　　图 5-43 立柱第二段属性框

(7)在【前立面】绘制空心拉伸(图 5-44),切换到【左立面】绘制另一个空心拉伸(图 5-45)。绘制完成后会自动剪切实体。

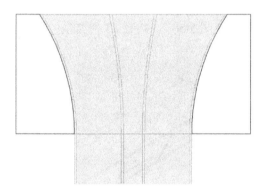

图 5-44 前立面绘制空心拉伸　　　　　图 5-45 左立面绘制空心拉伸

(8)切换到【参照平面】,绘制一个 45°的参照平面(图 5-46),在该平面上绘制一个空心拉伸(图 5-47),使用【镜像-拾取轴】命令,将空心形状复制到四角。

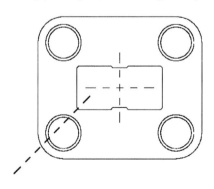
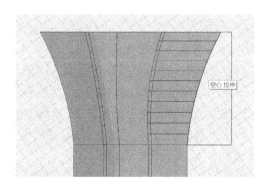

图 5-46 45°参照平面　　　　　图 5-47 参照平面绘制空心拉伸

(9)立柱第二段中间的凹槽采用【空心融合】对实体进行剪切。
(10)采用与第一段同样的方法,绘制立柱的第三段以及桥墩(类型二)的立柱。

(11)在【参照平面】内采用【拉伸】命令创建橡胶垫(图5-48)。

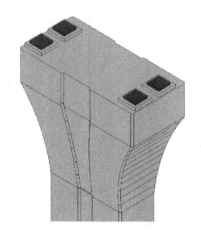

图5-48　立柱第三段及橡胶垫

5.2.3　纵梁族的创建

纵梁族(图5-49)一共有24种类型,小纵梁族(图5-50)一共有12种类型。

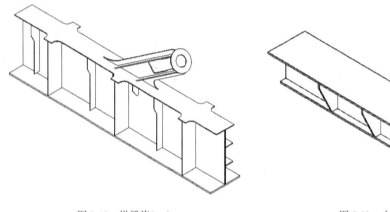

图5-49　纵梁族(一)　　　　　　　　　图5-50　小纵梁族

1. 纵梁模型

绘制纵梁模型的具体操作:

(1)新建族时选择"公制常规模型.rft"作为模板。

(2)在项目浏览器中切换视图为【参照平面】。

(3)按照加劲肋所在的平面位置,绘制参照平面(图5-51)。

(4)切换到【左立面】,点击【创建】选项卡下【拉伸】命令,系统切换到【修改|拉伸>编辑拉伸】选项卡,绘制纵梁轮廓(图5-52)。

(5)继续采用【拉伸】命令,创建加劲肋,切换回【参照平面】,调整加劲肋的厚度和位置(图5-53)。

(6)在【参照平面】中使用【空心形状】命令创建空心形状(图5-54),剪切纵梁的上翼缘板。

(7)重复以上步骤,完成24种类型的纵梁的建模。

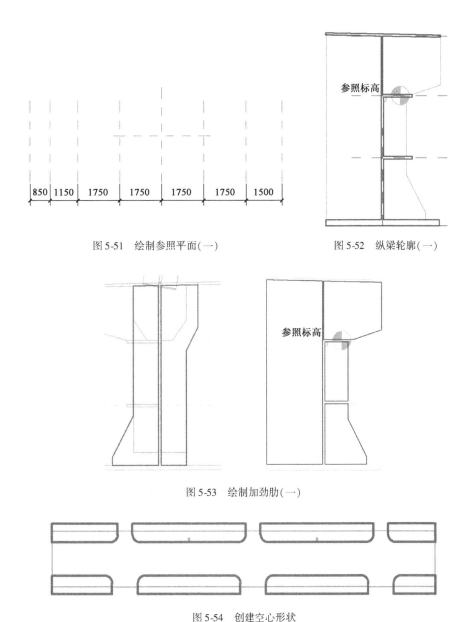

图 5-51 绘制参照平面(一)　　图 5-52 纵梁轮廓(一)

图 5-53 绘制加劲肋(一)

图 5-54 创建空心形状

2. 锚拉板模型

由于纵梁沿着桥纵向布置,每段纵梁的锚拉板的角度都不同,对锚拉板族进行单独建模便于修改锚拉板的角度。

绘制锚拉板的具体操作:

(1)新建族时选择"公制常规模型.rft"作为模板。

(2)在项目浏览器中切换视图为【左立面】。

(3)点击【创建】选项卡下【拉伸】命令,系统切换到【修改|拉伸 > 编辑拉伸】选项卡,绘制锚拉板的轮廓(图 5-55),设置锚拉板的厚度为 30mm。同时绘制一段模型线,其端点作为拉索的定位点(图 5-56)。

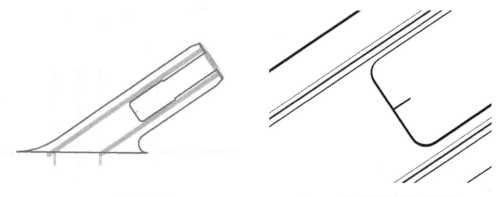

图 5-55　绘制锚拉板轮廓　　　　图 5-56　模型线用以定位拉索的端点

(4)同样采用【拉伸】命令在【前立面】中完成加劲肋的绘制,在【左立面】中调整加劲肋的位置。

(5)在【参照平面】内对锚拉板使用【旋转】命令,单击旋转中心,重新放置旋转中心,可以调整锚拉板的角度 α(图 5-57,α=48.00°),在【前立面】内对锚拉板使用【旋转】命令,可以调整锚拉板的角度 β(图 5-58,β=34.00°)。

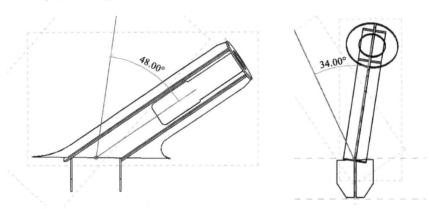

图 5-57　锚拉板角度 α=48.00°　　　　图 5-58　锚拉板角度 β=34.00°

(6)点击【插入】选项卡下【载入到项目】命令,将锚拉板载入纵梁模型中,创建锚拉板实例,再在【立面】中调整锚拉板的几何位置,完成纵梁族的建模。

3.小纵梁模型

绘制小纵梁模型的具体操作:

(1)新建族时选择"公制常规模型.rft"作为模板。

(2)在项目浏览器中切换视图为【参照平面】。

(3)按照加劲肋所在的平面位置,绘制参照平面(图 5-59)。

(4)切换到【左立面】,点击【创建】选项卡下【拉伸】命令,系统切换到【修改|拉伸>编辑拉伸】选项卡,绘制小纵梁轮廓(图 5-60)。

(5)继续采用【拉伸】命令,绘制加劲肋(图 5-61),切换至【前立面】,调整加劲肋的厚度和位置(图 5-62)。

(6)重复以上步骤,完成 12 种类型的小纵梁的建模。

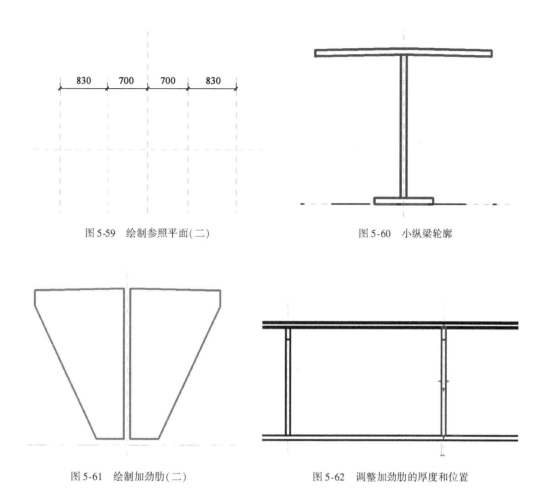

图 5-59 绘制参照平面(二)

图 5-60 小纵梁轮廓

图 5-61 绘制加劲肋(二)

图 5-62 调整加劲肋的厚度和位置

5.2.4 横梁族的创建

绘制横梁族(图 5-63)的具体操作:
(1)新建族时选择"公制常规模型.rft"作为模板。
(2)在项目浏览器中切换视图为【参照平面】。
(3)按照加劲肋所在的平面位置,绘制参照平面(图 5-64)。

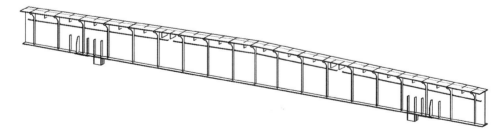

图 5-63 横梁族(一)

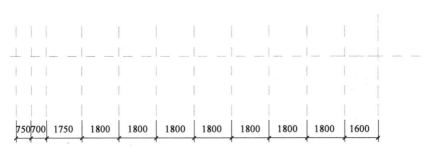

图 5-64 绘制参照平面(三)

(4)切换到【前立面】,点击【创建】选项卡下【拉伸】命令,系统切换到【修改|拉伸＞编辑拉伸】选项卡,绘制横梁上、下翼缘板和腹板的轮廓,切换到【左立面】采用同样的方式绘制横梁内加劲肋的轮廓(图 5-65)。

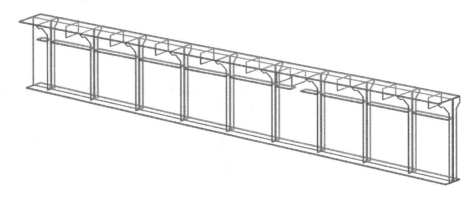

图 5-65 横梁上、下翼缘板和腹板及加劲肋轮廓

(5)切换回【前立面】,采用【拉伸】命令建立支座处的加劲肋及垫板(图 5-66)。

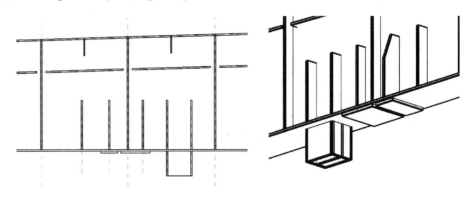

图 5-66 支座处加劲肋及垫板

(6)选中所有左侧模型,采用【镜像-拾取轴】命令,将左侧的横梁镜像复制到右侧。
(7)重复以上步骤,完成 5 种类型的横梁的建模。

5.2.5 桥面板等附属设施族的创建

1.桥面板及桥面层现浇混凝土模型

绘制桥面板模型(图 5-67)的具体操作:

(1)新建族时选择"公制常规模型.rft"作为模板。

(2)在项目浏览器中切换视图为【前立面】。

(3)点击【创建】选项卡下【拉伸】命令,系统切换到【修改|拉伸>编辑拉伸】选项卡,绘制桥面板截面轮廓(图5-68),在属性框内设置约束控制桥面板的长度和材质(图5-69),单击【完成编辑模式】命令,完成桥面板的绘制。

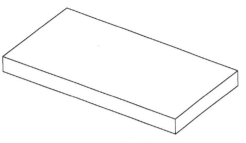

图5-67 桥面板

图5-68 桥面板截面轮廓

图5-69 桥面板属性框(一)

绘制桥面层族(图5-70)及现浇混凝土族(图5-71)的具体操作:

(1)新建族时选择"公制常规模型.rft"作为模板。

(2)在项目浏览器中切换视图为【前立面】。

图5-70 桥面层族

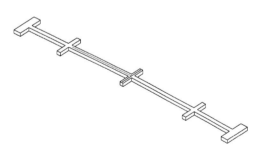

图5-71 桥面层现浇混凝土族

(3)点击【创建】选项卡下【拉伸】命令,系统切换到【修改|拉伸>编辑拉伸】选项卡,绘制桥面层截面轮廓(图5-72),在属性框内设置约束控制桥面层的长度和材质(图5-73),单击【完成编辑模式】命令,完成桥面层现浇混凝土轮廓的绘制。

(4)采用上述方法绘制实现浇混凝土轮廓后,按照桥面板所处位置,在【参照平面】中绘制空心拉伸,绘制完成后会自动剪切实体。空心形状截面轮廓和剪切实体分别如图5-74、图5-75所示。

图 5-72　桥面层截面轮廓　　　　图 5-73　桥面层属性框（一）

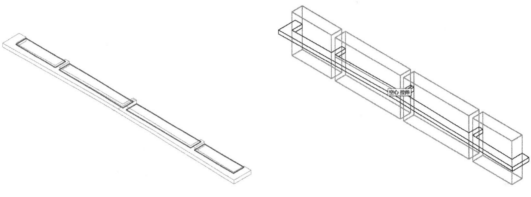

图 5-74　空心形状截面轮廓（一）　　　　图 5-75　空心形状剪切实体（一）

2. 桥面附属设施模型

绘制桥面附属设施族（图 5-76）的具体操作：
(1) 新建族时选择"公制常规模型.rft"作为模板。
(2) 在项目浏览器中切换视图为【前立面】。

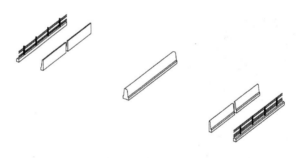

图 5-76　桥面附属设施族

(3) 点击【创建】选项卡下【拉伸】命令，系统切换到【修改|拉伸 > 编辑拉伸】选项卡，绘制桥面分隔轮廓（图 5-77、图 5-78），在属性框内设置约束控制桥面分隔的长度和材质，单击【完成编辑模式】命令，完成桥面分隔的绘制。

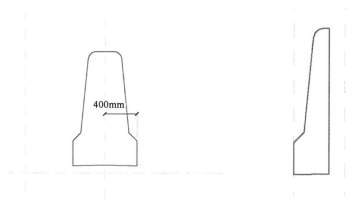

图 5-77 桥面分隔轮廓 1　　　　　　图 5-78 桥面分隔轮廓 2

（4）切换到【参照平面】，采用【拉伸】命令绘制栏杆立柱的工字形截面轮廓（图 5-79），切换到【前立面】，采用【拉伸】命令绘制栏杆扶手（图 5-80）。

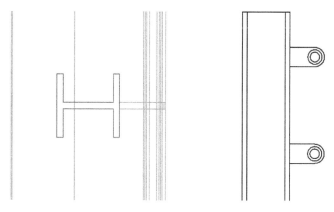

图 5-79 栏杆立柱工字形截面轮廓　　　　图 5-80 栏杆扶手

（5）将所得的左半边模型采用【镜像-拾取轴】命令，复制到右侧。
（6）在【前立面】中采用【拉伸】命令，创建桥面标识模型（图 5-81）。
（7）通过【载入族】命令插入路灯，并布置路灯（图 5-82）。

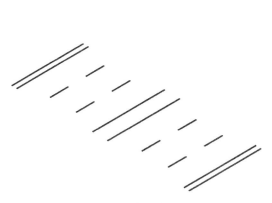
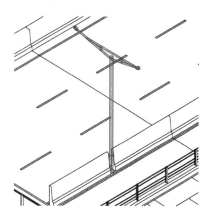

图 5-81 桥面标识模型（一）　　　　图 5-82 路灯布置（一）

5.2.6 拉索族的创建

绘制拉索族(图5-83)的具体操作：

(1)新建族时选择"自适应公制常规模型.rft"作为模板。

(2)在项目浏览器中切换视图为【参照平面】。

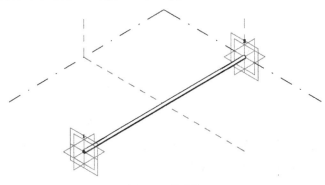

图5-83 拉索族

(3)点击【创建】选项卡下【点图元】命令(图5-84)，布置两个点作为拉索的控制点。

(4)采用【参照线】命令连接两点。

(5)在 YOZ 平面中绘制拉索轮廓(图5-85)。

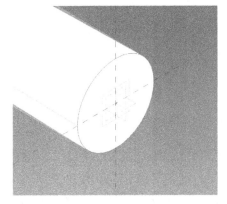

图5-84 【点图元】命令(一)　　图5-85 绘制拉索轮廓

(6)选中轮廓和连接两点的参照线，单击【创建形状】命令，选择实心形状，完成拉索族的创建。

5.3 创建整体项目

5.3.1 索塔及桥墩的定位及布置

通过【载入族】命令插入索塔族和桥墩族。按照图纸，对索塔及桥墩进行定位及布置。

(1)在项目浏览器中，切换到【北立面】视图，采用【建筑】选项卡下的【标高】命令，创建标高(图5-86)。

（2）切换到【12墩底】视图，采用【建筑】选项卡下的【轴网】命令，创建轴网（图5-87）。

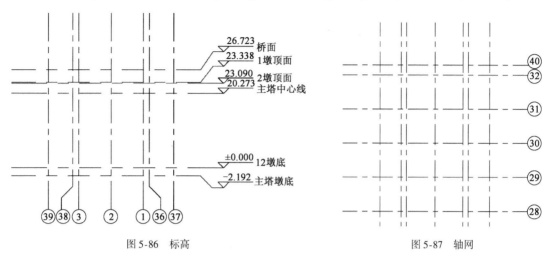

图5-86 标高　　　　　　　　　　　　　图5-87 轴网

（3）在项目浏览器中选择【常规模型】，选择需要布置的桥墩族和索塔族，展开后单击鼠标右键，创建实例，将桥墩（类型一）布置到6-3轴和6-1轴（图5-88），桥墩（类型二）布置到5 37轴和5-39轴（图5-89），索塔族布置到4-2轴（图5-90）。

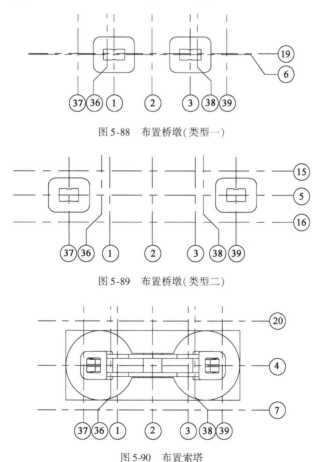

图5-88 布置桥墩（类型一）

图5-89 布置桥墩（类型二）

图5-90 布置索塔

(4)通过修改属性框中的约束,将索塔族的标高调整到【主塔墩底】(图5-91)。

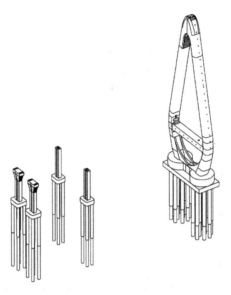

图5-91 布置桥墩族及索塔族

(5)选择布置完成的实例,采用【镜像-拾取轴】命令,拾取对称轴40轴,完成桥墩族和索塔族的布置(图5-92)。

图5-92 布置完成的桥墩族及索塔族

5.3.2 纵梁、横梁的布置及拉索的安装

通过【载入族】命令插入纵梁族、横梁族以及拉索族。

(1)切换到【2墩顶面】视图,按照图纸绘制参照平面,依次布置纵梁(图5-93)和横梁(图5-94)。

(2)在项目中绘制拉索所在的参照平面,在参照平面中采用【模型线】对拉索进行定位。对纵梁族进行编辑,调整锚拉板的角度 α 和 β。

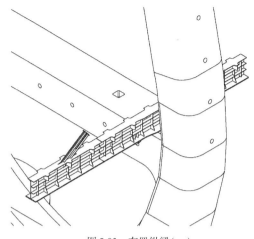

图 5-93 布置纵梁(一)

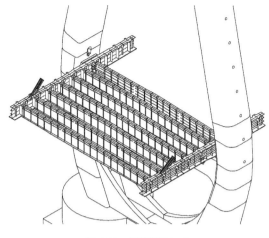

图 5-94 布置横梁(一)

(3)在【三维视图】中,布置拉索(图 5-95),选取锚拉板上的模型线端点和索塔上的锚点,完成布置。选取布置完成的拉索,切换到【北立面】,采用【镜像-拾取轴】命令,将左侧拉索复制到右侧。

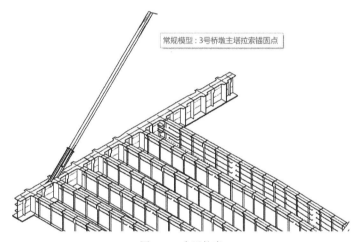

图 5-95 布置拉索

(4)重复上述步骤,完成纵梁、横梁以及拉索的布置,如图 5-96~图 5-98 所示。

图 5-96 布置纵梁、横梁及拉索(一)

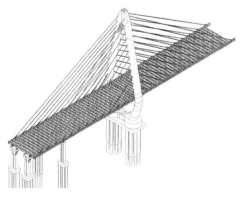

图 5-97 布置纵梁、横梁及拉索(二)

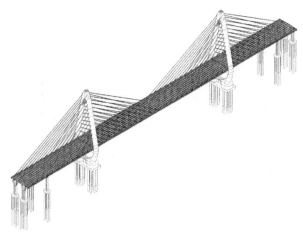

图 5-98　布置完成的纵梁、横梁及拉索

5.3.3　桥面板等附属设施的安装

通过【载入族】命令插入桥面板等附属设施族。

(1)切换到【2 墩顶面】视图,按照图纸依次布置桥面板(图 5-99),在【北立面】中使用【对齐】命令(图 5-100),将桥面板对齐到横梁上,在属性框内设置约束控制偏移值,如图 5-101、图 5-102 所示。

图 5-99　布置桥面板(一)

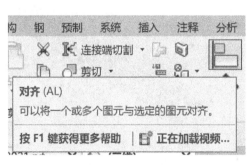

图 5-100　【对齐】命令(一)

图 5-101　偏移值设置

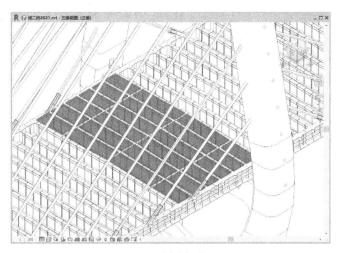

图 5-102　对齐桥面板(一)

(2)采用同样的方式布置桥面现浇混凝土,如图 5-103、图 5-104 所示。

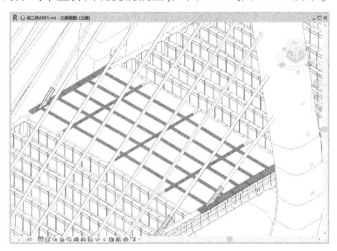

图 5-103　布置桥面现浇混凝土(一)

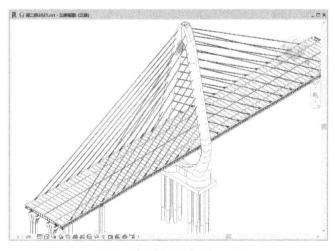

图 5-104　布置桥面现浇混凝土(二)

(3) 在项目浏览器中切换到【桥面】标高,继续布置桥面族(图5-105)、桥面分隔(图5-106)、桥面标识及路灯(图5-107)。

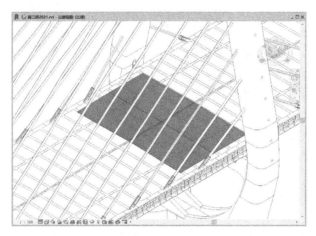

图 5-105　布置桥面族

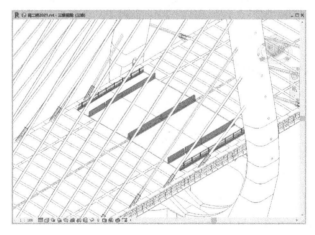

图 5-106　布置桥面分隔(一)

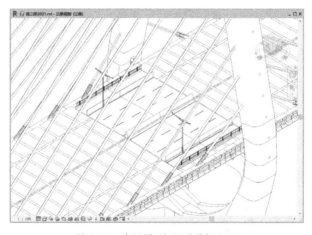

图 5-107　布置桥面标识及路灯(一)

（4）选中布置好的附属设施，采用【阵列】命令，将其复制到全桥。布置完成附属设施的桥面如图 5-108 所示。

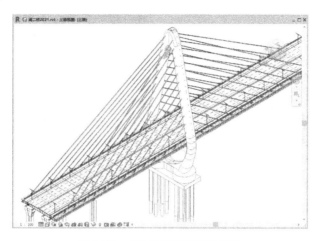

图 5-108　布置完成附属设施的桥面

5.3.4　斜拉桥建模效果

斜拉桥模型、斜拉桥东立面图、斜拉桥渲染图分别如图 5-109、图 5-110、图 5-111 所示。

图 5-109　斜拉桥模型

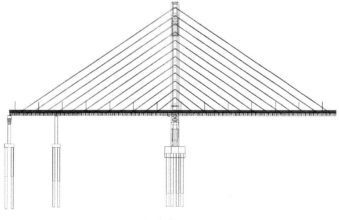

图 5-110　斜拉桥东立面图

a)左侧图 b)右侧图

图 5-111 斜拉桥渲染图

【本章节配有视频教学数字资源,资源编号为 S-20,请扫描封面二维码查看】

思考题

5-1 桥梁建模的流程有哪些?

5-2 斜拉桥的族有什么特点?

操作题

创建斜拉桥模型。

【本章节操作题图纸,资源编号为 T-04,请扫描封面二维码查看】

第6章
悬索桥建模实例

本章以悬索桥为例,主要介绍悬索桥构件族的创建以及组建等,以及最后形成完整的悬索桥模型的过程,让读者掌握悬索桥建模流程。

6.1 案例概述

6.1.1 工程概况

本章案例工程为三塔自锚式悬索桥(图6-1)。自锚式悬索桥是由加劲梁(主梁)、吊索、主缆、主塔、鞍座、锚固构造等构成的柔性悬吊组合体系,其主缆直接锚固在主梁上,主梁承受主缆传递的水平压力。成桥后,主要由主缆和主塔承受结构自重,结构体系共同承受外荷载作用,主缆、主梁受力按刚度分配。工程主梁由四跨组成,跨径为80m(边跨)+168m(主跨)+168m(主跨)+80m(边跨)。主桥桥面宽度为43.0m,布置为2.25m(人行道)+3.0m(缆索区)+0.5m(护栏)+3.5m(非机动车道)+12.0m(车行道)+0.5m(护栏)+12.0m(车行道)+3.5m(非机动车道)+0.5m(护栏)+3.0m(缆索区)+2.25m(人行道)。

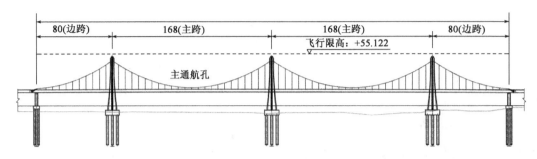

图 6-1 悬索桥(尺寸单位:m)

6.1.2 建模流程

本章结合 EBS 原则从桥梁工程的空间范围和系统结构框架两个角度对其进行工程实体结构分解,如图 6-2 所示。

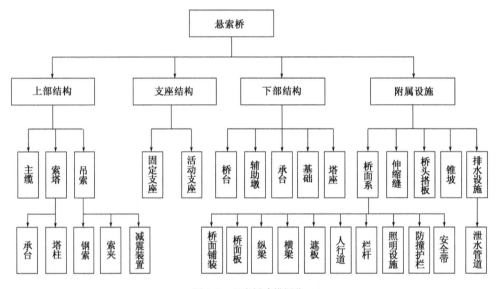

图 6-2 悬索桥建模划分

划分之后,先创建各构件族,再建立轴网标高进行定位,最后组装悬索桥。下面介绍具体建模流程。

6.2 悬索桥族的创建

6.2.1 索塔族的创建

索塔指的是悬索桥或斜拉桥支承主索的塔形构造物,是悬索桥的主要受力构件,本项目的索塔横截面采用箱形截面,由钢筋混凝土浇筑而成。索塔族(图 6-3)包含桩模型、承台模型和索塔模型。

第6章 悬索桥建模实例

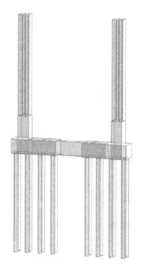

图6-3　索塔族(二)

1.钢护筒和桩模型

绘制钢护筒和桩模型的具体操作：

(1)新建族时选择"公制常规模型.rft"作为模板。

(2)在项目浏览器中切换视图为【参照标高】。

(3)点击【创建】选项卡下【拉伸】命令,系统切换到【修改|拉伸>编辑拉伸】选项卡(图6-4)。

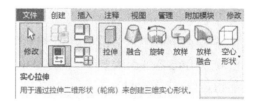

图6-4　【创建】选项卡(二)

(4)按照桩平面布置图,采用【圆形】命令绘制内半径为1100mm的钢护筒,采用【偏移】命令(图6-5)完成筒壁厚度为150mm的钢护筒轮廓绘制(图6-6)。在属性框内设置约束控制钢护筒的长度和材质(图6-7),单击【完成编辑模式】命令,完成钢护筒的绘制。

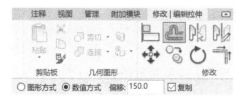

图6-5　【偏移】命令(二)

(5)同样采用【拉伸】命令绘制混凝土桩,在【修改|拉伸>编辑拉伸】选项卡中采用【圆形】或【拾取线】命令,绘制半径为1100mm的混凝土桩轮廓,如图6-8所示。在属性框内设置约束控制混凝土桩的长度和材质(图6-9),单击【完成编辑模式】命令,完成桩基的绘制。

133

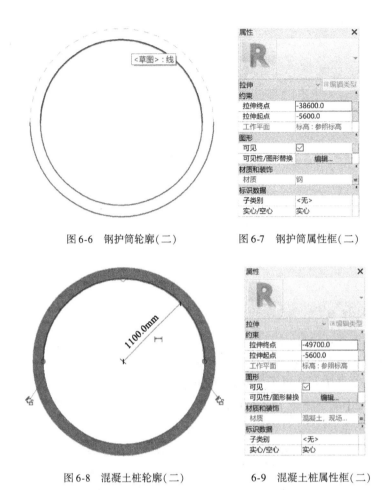

图 6-6 钢护筒轮廓(二)　　图 6-7 钢护筒属性框(二)

图 6-8 混凝土桩轮廓(二)　　6-9 混凝土桩属性框(二)

(6)按桩位布置钢护筒和桩,采用参考平面或参考线确定桩位,选中钢护筒和桩,采用【复制】命令(图6-10)将其复制到指定位置(图6-11)。

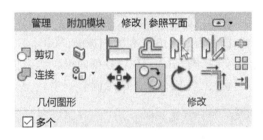

图 6-10 【复制】命令(二)

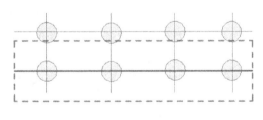

图 6-11 左侧桩平面布置(二)

(7)选中所有左侧模型,采用【镜像-拾取轴】命令(图6-12),将左侧的桩基镜像复制到右侧(图6-13)。

单独建立各个混凝土桩模型,可以根据图纸对每一根桩的长度进行调整。

2. 承台模型

绘制承台模型的具体操作:

(1)在项目浏览器中切换视图为【参照标高】。

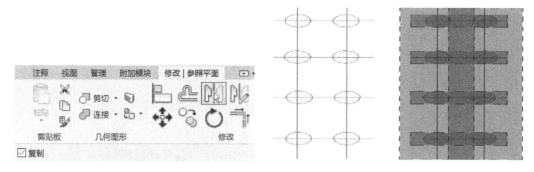

图 6-12 【镜像-拾取轴】命令(二)　　　　图 6-13 桩平面布置(二)

（2）点击【创建】选项卡下【拉伸】命令,系统切换到【修改|拉伸>编辑拉伸】选项卡。

（3）按照图纸中的几何尺寸绘制第一阶承台的轮廓（图 6-14）,在属性框内设置约束控制承台的厚度和材质（图 6-15）,单击【完成编辑模式】命令,完成第一阶承台轮廓的绘制。

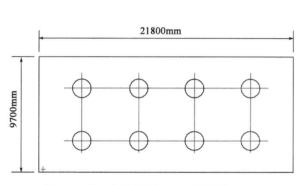

图 6-14 第一阶承台轮廓(二)(尺寸单位:mm)　　　图 6-15 第一阶承台属性框(二)

（4）在项目浏览器中切换视图为【前立面】,按照图纸中的几何尺寸绘制第二阶承台的轮廓（图 6-16）,在属性框内设置约束控制承台的厚度和材质（图 6-17）,单击【完成编辑模式】命令,完成第二阶承台轮廓的绘制。

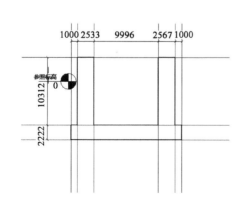

图 6-16 第二阶承台轮廓(二)(尺寸单位:mm)　　　图 6-17 第二阶承台属性框(二)

3.索塔模型

绘制直线段索塔截面的具体操作：

(1)在项目浏览器中切换视图为【前立面】。

(2)点击【创建】选项卡下【拉伸】命令(图6-18)，系统切换到【修改|拉伸>编辑拉伸】选项卡。

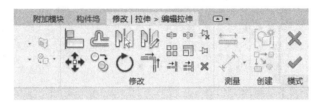

图6-18 【拉伸】命令

(3)绘制拉伸轮廓(图6-19)，在【前立面】中按照图纸要求，绘制拉伸长度(图6-20)，单击【完成编辑模式】，在属性框内设置约束控制索塔材质，完成截面的实体混凝土部分。

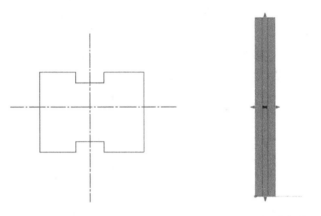

图6-19 绘制拉伸轮廓　　　　图6-20 绘制拉伸长度

6.2.2 桥墩族的创建

悬索桥主体有两种桥墩类型，依次创建两种类型的桥墩族，如图6-21、图6-22所示。

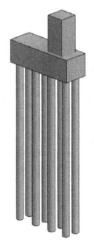

图6-21 桥墩族(类型一)　　　　图6-22 桥墩族(类型二)

按照6.2.1中的建模步骤,完成桥墩族的钢护筒、桩和承台模型的绘制(图6-23),在属性框内设置约束控制钢护筒及桩的长度和材质,设置约束控制承台的厚度和材质(图6-24)。

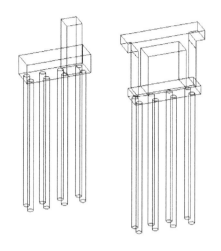

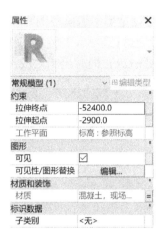

图6-23 钢护筒、桩和承台模型(一)　　图6-24 桩属性框(一)

6.2.3 纵梁族的创建

1. 纵梁模型

绘制纵梁族(图6-25)的具体操作:

(1)新建族时选择"公制常规模型.rft"作为模板。

(2)在项目浏览器中切换视图为【参照平面】。

(3)按照加劲肋所在的平面位置,绘制参照平面(图6-26)。

(4)切换到【左立面】,点击【创建】选项卡下【拉伸】命令,系统切换到【修改|拉伸＞编辑拉伸】选项卡,绘制纵梁轮廓(图6-27)。

(5)继续采用【拉伸】命令,创建加劲肋,切换回【参照平面】,调整加劲肋的厚度和位置(图6-28)。

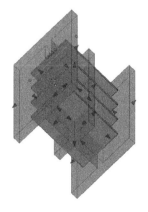 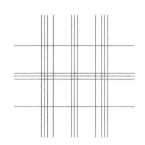 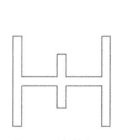 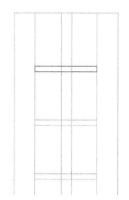

图6-25 纵梁族(二)　　图6-26 绘制参照平面(四)　　图6-27 纵梁轮廓(二)　　图6-28 绘制加劲肋(三)

2. 锚固块模型

绘制锚固块模型的具体操作如下：

（1）新建族时选择"公制常规模型.rft"作为模板。

（2）在项目浏览器中切换视图为【左立面】。

（3）点击【创建】选项卡下【拉伸】命令，系统切换到【修改|拉伸>编辑拉伸】选项卡，绘制锚固块轮廓（图6-29），同时绘制一段参照线，其端点作为主缆的起始点（图6-30）。

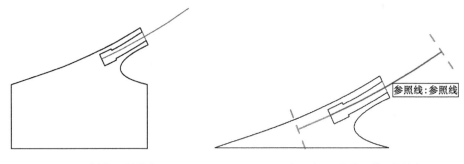

图6-29　绘制锚固块轮廓　　　　图6-30　参照线用以定位主缆的起始点

（4）同样采用【拉伸】命令在【前立面】中完成加劲肋的绘制，在【左立面】中调整加劲肋的位置。

（5）在【参照平面】内对锚固块使用【旋转】命令，单击旋转中心，放置对称端点锚固块，如图6-31所示。

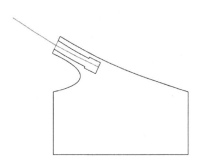

图6-31　对称端点锚固块

（6）点击【插入】选项卡下【载入到项目】命令，将锚固块载入纵梁模型中，创建锚固块实例，再在【立面】中调整锚固块的几何位置。

6.2.4　横梁族的创建

绘制横梁族的具体操作：

（1）新建族时选择"公制常规模型.rft"作为模板。

（2）在项目浏览器中切换视图为【参照平面】。

（3）按照加劲肋所在的平面位置，绘制参照平面，如图6-32所示。绘制好的横梁族如图6-33所示。

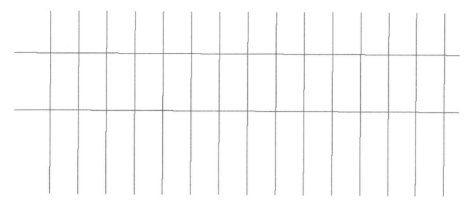

图6-32 绘制参照平面(五)

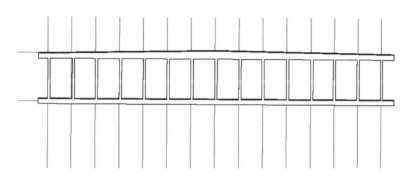

图6-33 横梁族(二)

6.2.5 桥面板等附属设施族的创建

1. 桥面板及桥面层现浇混凝土模型

绘制桥面板模型(图6-34)的具体操作:
(1)新建族时选择"公制常规模型.rft"作为模板。
(2)在项目浏览器中切换视图为【前立面】。

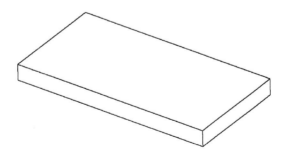

图6-34 桥面板模型

(3)点击【创建】选项卡下【拉伸】命令,系统切换到【修改|拉伸>编辑拉伸】选项卡,绘制桥面板轮廓(图6-35),在属性框内设置约束控制桥面板的长度和材质(图6-36),单击【完成编辑模式】命令,完成桥面板的绘制。

图 6-35　桥面板轮廓　　　　图 6-36　桥面板属性框(二)

绘制桥面层及现浇混凝土模型(图 6-37、图 6-38)的具体操作：
(1)新建族时选择"公制常规模型.rft"作为模板。
(2)在项目浏览器中切换视图为【前立面】。
(3)点击【创建】选项卡下【拉伸】命令，系统切换到【修改|拉伸＞编辑拉伸】选项卡，绘制桥面层轮廓(图 6-39)，在属性框内设置约束控制桥面层的长度和材质(图 6-40)，单击【完成编辑模式】命令，完成桥面层现浇混凝土模型的绘制。

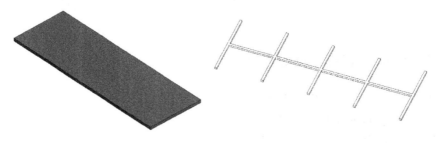

图 6-37　桥面层模型　　　　图 6-38　桥面层现浇混凝土模型

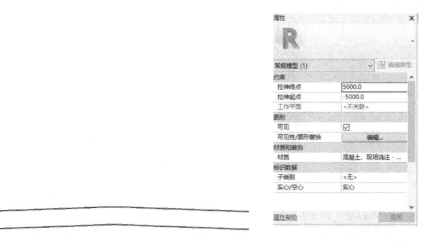

图 6-39　桥面层轮廓　　　　图 6-40　桥面层属性框(二)

(4)采用上述方法绘制实现浇混凝土模型后,按照桥面板所处位置,在【参照平面】中绘制空心拉伸,绘制完成后会自动剪切实体。空心形状截面轮廓及剪切实体分别如图6-41、图6-42所示。

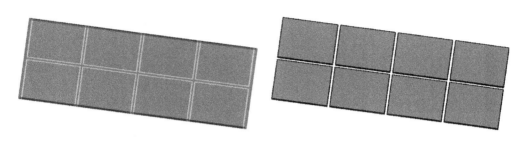

图6-41　空心形状截面轮廓(二)　　　　图6-42　空心形状剪切实体(二)

2. 桥面附属设施模型

绘制桥面附属设施模型(图6-43)的具体操作:
(1)新建族时选择"公制常规模型.rft"作为模板。
(2)在项目浏览器中切换视图为【前立面】。
(3)点击【创建】选项卡下【拉伸】命令,系统切换到【修改|拉伸＞编辑拉伸】选项卡,绘制桥面分隔轮廓,在属性框内设置约束控制桥面分隔的长度和材质,单击【完成编辑模式】命令,完成桥面分隔轮廓的绘制,如图6-44、图6-45所示。

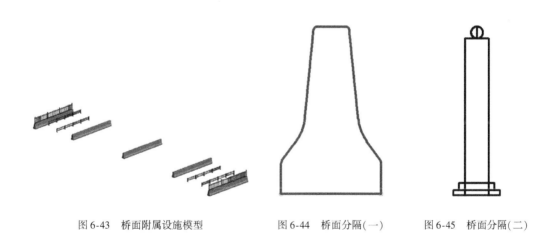

图6-43　桥面附属设施模型　　图6-44　桥面分隔(一)　　图6-45　桥面分隔(二)

(4)切换到【参照平面】,采用【拉伸】命令绘制栏杆立柱的拉伸截面轮廓(图6-46),切换到【前立面】,采用【拉伸】命令绘制栏杆扶手下半部形状,再添加上部栏杆和扶手,完成护栏的创建(图6-47)。
(5)将所得的左半边模型采用【镜像-拾取轴】命令,复制到右侧。
(6)在【前立面】中采用同样的【拉伸】命令,创建桥面标识模型(图6-48)。
(7)通过【载入族】命令插入路灯,并布置路灯(图6-49)。

图 6-46 栏杆立柱拉伸截面轮廓

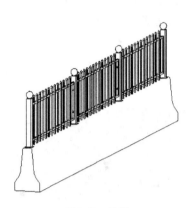
图 6-47 护栏

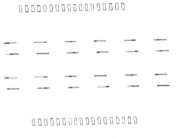
图 6-48 桥面标识模型(二)

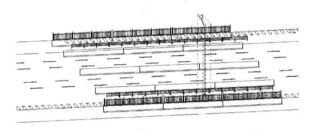
图 6-49 路灯布置(二)

6.2.6 缆索族的创建

绘制缆索族(图 6-50)的具体操作:
(1)新建族时选择"自适应公制常规模型.rft"作为模板。
(2)在项目浏览器中切换视图为【参照平面】。
(3)点击【创建】选项卡下【点图元】命令(图 6-51),布置两个点作为缆索的控制点。
(4)采用【参照线】命令连接两点。
(5)在 YOZ 平面中绘制缆索轮廓(图 6-52)。
(6)选中轮廓和连接两点的参照线,单击【创建形状】命令,选择实心形状,完成缆索族的创建。

图 6-50 缆索族

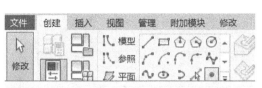
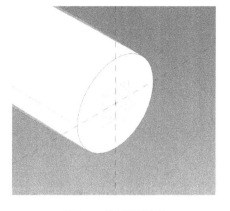

图 6-51 【点图元】命令（二）　　　　　图 6-52 绘制缆索轮廓

6.3 创建整体项目

6.3.1 索塔及桥墩的定位及布置

通过【载入族】命令插入索塔族和桥墩族。按照图纸，对索塔及桥墩进行定位及布置。

(1) 在项目浏览器中，切换到【北立面】视图，采用【建筑】选项卡下的【标高】命令，创建标高。

(2) 切换到【12 墩底】视图，采用【建筑】选项卡下的【轴网】命令，创建轴网。

(3) 在项目浏览器中选择【常规模型】，选择需要布置的桥墩族和索塔族，展开后点击鼠标右键，创建实例，将桥墩族（类型一）布置到 17-22 轴和 17-29 轴之间，桥墩族（类型二）布置到 12-6 轴和 12-9 轴之间（图 6-53），索塔族布置如图 6-54 所示。

(4) 通过修改属性框中的约束，将索塔族的标高调整到【主塔墩底】。

(5) 选择布置完成的实例，采用【镜像-拾取轴】命令，拾取对称轴 40 轴，完成桥墩族和索塔族的布置，如图 6-55、图 6-56 所示。

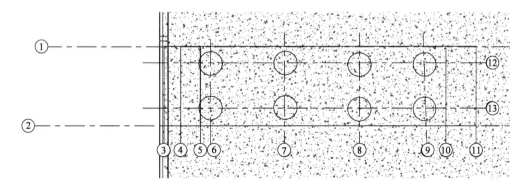

图 6-53 布置桥墩族（类型二）

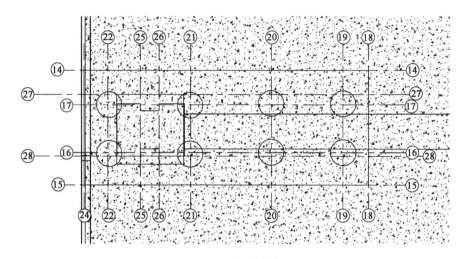

图 6-54　布置索塔族

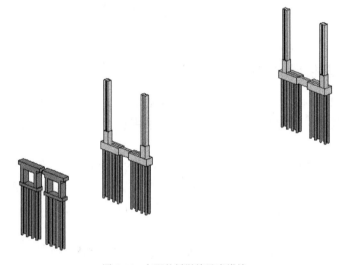

图 6-55　布置的桥墩族及索塔族

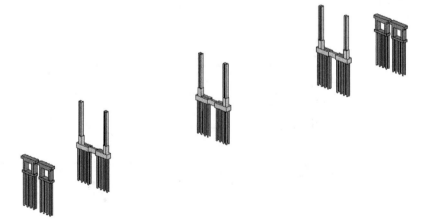

图 6-56　布置完成的桥墩族及索塔族

6.3.2 纵梁、横梁的布置及缆索的安装

通过【载入族】命令插入纵梁族、横梁族以及缆索族。

(1)切换到【2 墩顶面】视图,按照图纸绘制参照平面,依次布置纵梁(图 6-57)和横梁(图 6-58)。

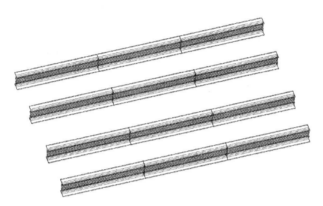

图 6-57　布置纵梁(二)

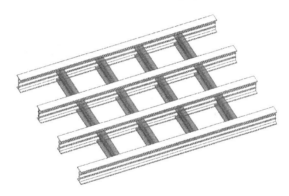

图 6-58　布置横梁(二)

(2)在项目中绘制缆索所在的参照平面,在参照平面中采用【模型线】对缆索进行定位。

(3)在【三维视图】中,布置缆索(图 6-59),选取锚拉板上的模型线端点和索塔上的锚点,完成布置。选取布置完成的缆索,切换到【北立面】,采用【镜像-拾取轴】命令,将左侧缆索复制到右侧。

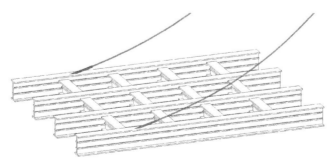

图 6-59　布置缆索

(4)重复上述步骤,完成纵梁、横梁以及缆索的布置,如图6-60、图6-61所示。

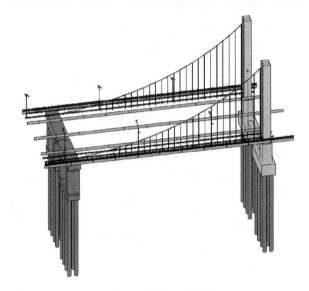

图6-60 布置梁及缆索

图6-61 布置完成的梁及缆索

6.3.3 桥面板等附属设施的安装

通过【载入族】命令插入桥面板及附属设施族。

(1)切换到【2墩顶面】视图,按照图纸依次布置桥面板(图6-62),在【北立面】中使用【对齐】命令,将桥面板对齐到横梁上,在属性框内设置约束控制偏移值,如图6-63~图6-65所示。

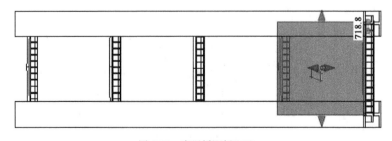

图6-62 布置桥面板(二)

(2)采用同样的方式布置桥面层现浇混凝土。

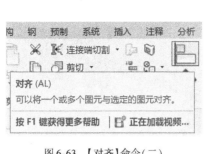
图6-63 【对齐】命令(二)

图6-64 桥面板属性框(三)

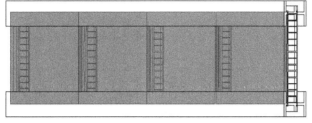
图6-65 对齐桥面板(二)

(3)在项目浏览器中切换到【桥面】标高,继续布置桥面层、桥面分隔(图6-66)、桥面标识及路灯(图6-67)。

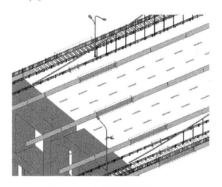
图6-66 布置桥面分隔(二)

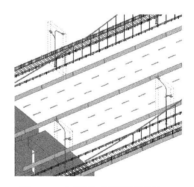
图6-67 布置桥面标识及路灯(二)

(4)选中布置好的附属设施,采用【阵列】命令,将其复制到全桥。布置完成附属设施族的桥面如图6-68所示。

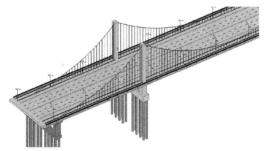
图6-68 布置完成附属设施族的桥面

6.3.4 悬索桥建模效果

通过前面的建模步骤,得到悬索桥模型、立面图、渲染图,如图6-69~图6-71所示。

图6-69 悬索桥模型

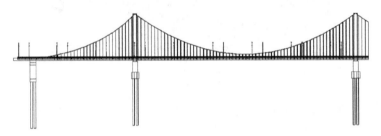

图6-70 悬索桥立面图

a)右侧图

b)正面图

图6-71 悬索桥渲染图

【本章节配有视频教学数字资源,资源编号为S-21,请扫描封面二维码查看】

思考题

6-1 悬索桥的族有什么特点?

6-2 如何精准建立空间缆索的位置?

操作题

创建悬索桥模型,未标注尺寸,自拟。

【本章节操作题图纸,资源编号为 T-05,请扫描封面二维码查看】

第 7 章
拱桥建模实例

本章以拱桥为例,主要涉及采用 Dynamo 进行拱桥参数化建模的过程,使读者掌握拱桥建模流程,并且能举一反三。

7.1 案例概述

7.1.1 工程概况

本章案例位于辽宁省朝阳市,主桥为带系杆和双飞燕的中承式钢管混凝土拱桥,引桥为预应力混凝土简支箱形梁桥。系杆拱桥是一种集拱与梁的优点于一身的桥型,它将拱与梁两种基本结构形式组合在一起,共同承受荷载,充分发挥梁受弯、拱受压的结构性能和组合作用,拱端的水平推力由拉杆承受,使拱端支座不产生水平推力。拱与弦间用两端铰接的竖直杆联结而成。拱桥侧视图如图 7-1 所示。

7.1.2 建模流程

拱桥的结构可划分为下部结构、上部结构和桥面附属结构。在建模时,一般参考结构体系划分,先从下部结构入手,包括承台、墩柱等构件。这部分构件往往通过 Revit 的族构件中拉伸和放样等功能就可以实现建模,较为便捷,同时这些构件的定位和高程校核也较为快捷、精确,先进行建模有助于定位上部结构构件,也符合施工实际情况。

图7-1 拱桥侧视图

随后进行上部结构的建模,系杆拱桥的上部结构体系一般包括拱肋、系杆、横梁以及桥面板等构件。实际工程中,拱肋一般采用钢管拱,使用竖、斜腹杆和平联连接主拱的钢管,采用风撑连接两主拱,杆件较多。在存在大量坐标数据的情况下,使用Dynamo进行参数化建模可以精确创建拱肋和系杆的模型。在完成拱肋和系杆的建模后,使用Revit就可以进行桥面板和横梁的建模,完成上部结构建模。

最后进行桥面附属结构的建模,包括道路中心线、护栏、人行道等构件。建模流程与道路工程类似,一般基于线的族进行创建较为便捷。

以上为本案例拱桥的建模流程综述,为行文方便,下文建模叙述顺序作了适当调整,在其他类似工程中,也可以根据实际情况进行调整。

7.2 拱桥构件族的创建

7.2.1 拱肋族的创建

拱肋是拱桥主拱圈的骨架,拱肋承受自重、横向联系构件及相应施工荷载,拱轴线是拱圈(或拱肋)各横向截面(或换算截面)形心点的连线。在本案例中,拱肋含有四根主拱钢管、腹杆、上下平联和缀板。已有图纸提供了拱轴线的控制点坐标,腹杆、平联端点坐标和系杆顶点坐标及长度。

创建拱肋族的思路:先在Dynamo中导入拱轴线坐标,再用平滑曲线连接控制点,构建拱轴线,然后创建钢管截面,通过放样扫掠拱轴线路径,完成拱肋创建,最后导入Revit中。若只使用Revit创建拱肋,需手动提取CAD图拱轴中心线,但精确度会出现偏差,且不能实现参数化建模,对于异形拱肋更难处理。而使用Dynamo通过控制点创建拱轴线较为精确,也可实现参数化,方便后续杆件创建,并适用于异形拱肋,具有优势。另外,导入Dynamo的坐标数据便于之后连接各对应坐标点,精确创建腹杆、平联和系杆模型并进行剪切,可以避免在Revit中难以精确确定腹杆、平联、系杆的位置、长度且剪切限制较大等问题。

图7-2为创建后一侧拱肋族效果,本案例使用Revit 2018版本和Dynamo1.3.1版本进行建模。

1.主拱创建

具体创建步骤如下:

(1)对CAD图纸数据进行处理。

使用Autodesk AutoCAD软件打开含有坐标的CAD图纸,如果表格格式为CAD自带的表格,则可以直接框选后单击右键,选择【输出】,将CAD自带表格提取出来,如图7-3所示。

图7-2 拱肋族创建效果

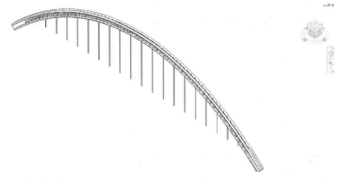

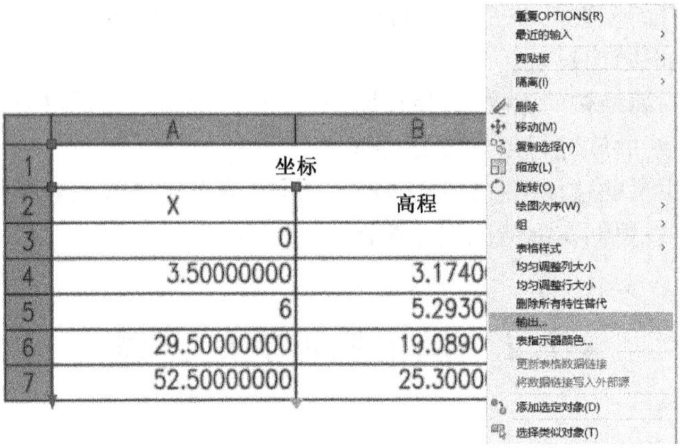

图7-3 提取CAD自带表格

如果表格是由线和文字组成的,并非CAD自带的完整表格格式,则在左上角【选项】中选择【打印】。在【打印机名称】中选择"Microsoft Print to PDF",在【打印范围】中选择【窗口】,在【打印样式表】中选择"monochrome.ctb",如图7-4所示。

然后点击【打印范围】内的【窗口＜】,在图纸中框选所需表格,如图7-5所示,按Enter键确认,再确认打印,选择输出路径。

获得PDF格式的表格后,再用相关软件转为Excel表格,WPS等有PDF转换功能的软件均可,如图7-6所示。

获得Excel表格后,适当对数据进行处理,本案例中,创建拱轴线只需要成桥拱肋的X坐标与标高,所以可以删去无用数据列和文字,清理后表格如图7-7所示,受页面大小限制,此处只显示局部表格。

另外,由于Dynamo的默认单位为mm,所以可以在已有数据后添加换算列,已有数据单位为m,所以Excel换算公式为"=原数据单元格*1000",如图7-8中C3单元格所示。

输入完第一个新数据的公式后,单击该单元格,拖动单元格右下角小方块至下方,填充该列其他需要换算的数据单元格,如图7-9中表格C列单元格所示。

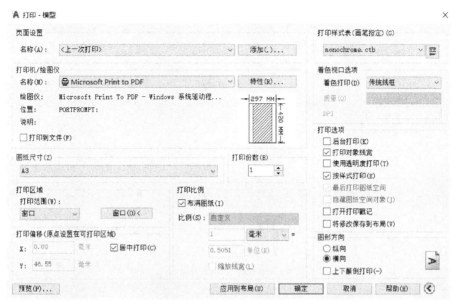

图 7-4　非 CAD 自带表格格式的表格打印设置

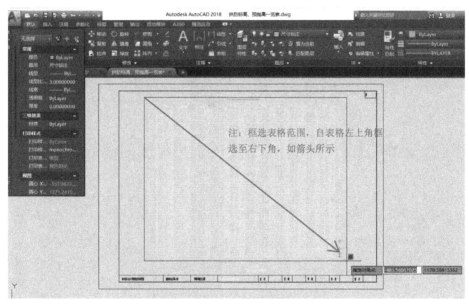

图 7-5　框选表格

再选中全部已经填充好的换算后的 X 坐标,拖动单元格右下角小方块,填充右侧单元格,获得换算后的标高,如图 7-10 中表格 D 列单元格所示。

本案例中拱肋为对称结构,只提供了半结构的控制点坐标,故另设一中间换算列,将半结构的 X 坐标倒序排列,如图 7-11 中表格 F 列单元格所示。再以拱轴线 X 轴总长度 115m 减去 F 列倒序的半结构 X 坐标,再填充 X 坐标,如图 7-10 中表格 A 列单元格所示。将高程复制到 B 列倒序排列,最后换算,补充完整个拱肋的控制点坐标,如图 7-11 中表格 C 列与 D 列单元格所示,具体表格数据见资源索引 Z01 桥梁族【资源编号为 Z-01】。

同样完成对腹杆两端点坐标和系杆顶点坐标以及长度的处理,具体表格数据见资源索引 Z01 桥梁族【资源编号为 Z-01】。

图 7-6 转换 PDF

图 7-7 清理后的表格

图 7-8 换算 X 坐标

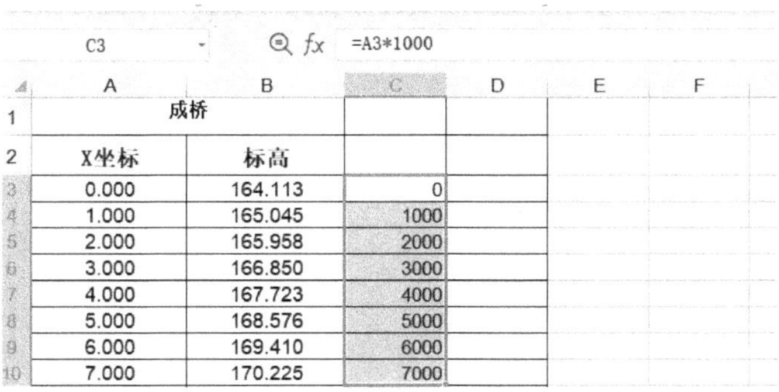

	A	B	C	D	E	F
1	成桥					
2	X坐标	标高				
3	0.000	164.113	0			
4	1.000	165.045	1000			
5	2.000	165.958	2000			
6	3.000	166.850	3000			
7	4.000	167.723	4000			
8	5.000	168.576	5000			
9	6.000	169.410	6000			
10	7.000	170.225	7000			

图 7-9　填充

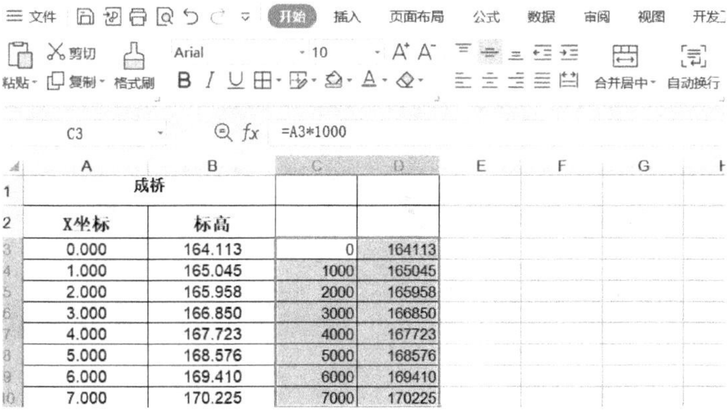

	A	B	C	D	E	F	G
1	成桥						
2	X坐标	标高					
3	0.000	164.113	0	164113			
4	1.000	165.045	1000	165045			
5	2.000	165.958	2000	165958			
6	3.000	166.850	3000	166850			
7	4.000	167.723	4000	167723			
8	5.000	168.576	5000	168576			
9	6.000	169.410	6000	169410			
10	7.000	170.225	7000	170225			

图 7-10　换算标高

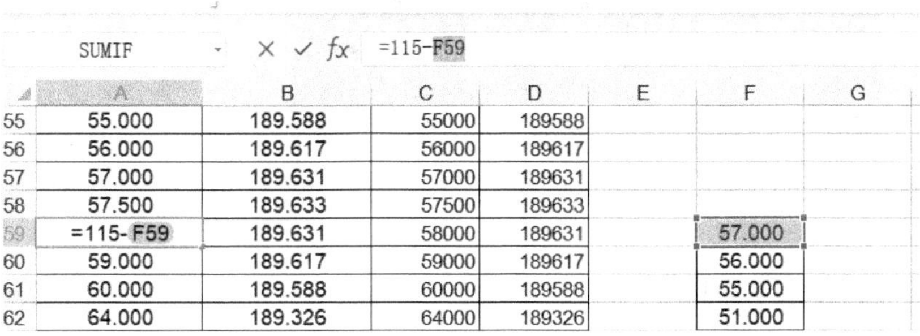

	A	B	C	D	E	F	G
55	55.000	189.588	55000	189588			
56	56.000	189.617	56000	189617			
57	57.000	189.631	57000	189631			
58	57.500	189.633	57500	189633			
59	=115-F59	189.631	58000	189631		57.000	
60	59.000	189.617	59000	189617		56.000	
61	60.000	189.588	60000	189588		55.000	
62	64.000	189.326	64000	189326		51.000	

图 7-11　补全整个拱肋控制点坐标

(2)将表格数据导入 Dynamo。

新建一个 Revit 构造样板项目，打开【管理】中的【Dynamo】，在启动界面选择【新建】，如图 7-12 所示。

首先选择左侧节点列表内【Core】列表中【Input】子列表下的【File Path】节点（也可以直接搜索节点名称），点击【浏览】选择控制点坐标表格的路径，如图 7-13 所示，使用该节点选择路径。

然后选择左侧【Core】列表中【File】子列表下的【File. FromPath】节点，连接这两个节点以提取路径下的文件，如图 7-14 所示。

图 7-12　新建 dyn 文件

图 7-13　选择路径

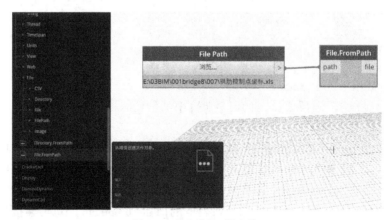

图 7-14　提取路径下的文件

再选择左侧【Office】列表中【Excel】子列表下的【ReadFromFile】节点,准备读取表格数据,如图 7-15 所示。

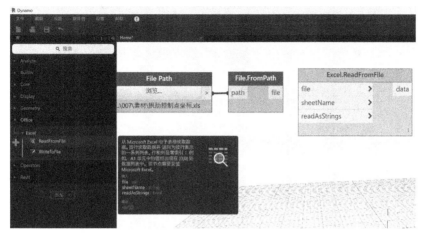

图 7-15 准备读取表格数据

在【Excel.ReadFromFile】节点中,有三个输入端,如图 7-16 所示。

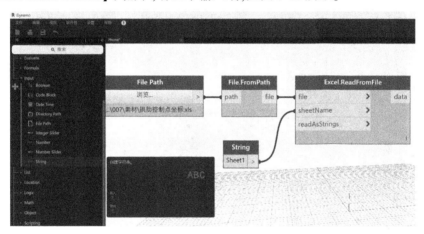

图 7-16 【Excel.ReadFromFile】节点中的三个输入端

【file】输入端需要连接到读取所需表格文件的【File.FromPath】节点;【sheetName】输入端则需要输入【String】字符串格式的工作表名称,工作表名称可以在 Excel 表格的左下角查看,一般默认为【Sheet1】,【String】节点位于【Core】列表中【Input】子列表下;【readAsStrings】则是切换是否将表格数据读取为【String】格式的字符串,默认为否,由于后续创建拱轴线等操作需要读取【Number】格式的数据,因此保持默认即可。

连接三个节点并运行(图 7-17),完成表格的导入,可以点击工作空间中【ReadFromFile】节点右下角查看导入数据的情况。此时列表为横向读取,原表格的一行为一个子列表。

(3)处理表格数据,进行分组。

导入表格后,可以进行点的创建,而创建点需要将同种坐标数据列在一个列表中,以便组合对应使用。上一步中导入的表格数据是以一行为一个子列表,所以需要进行转置,转为一列为一个子列表。选择左侧【Core】列表中【List】子列表的【Transpose】节点,连接节点,转置列表,如图 7-18 所示。

157

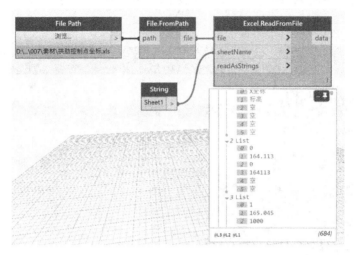

图 7-17 连接节点并运行

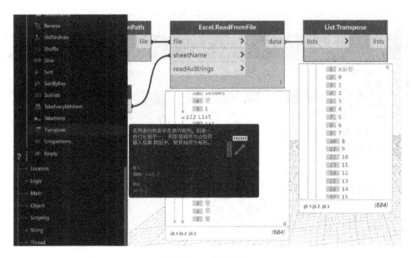

图 7-18 转置列表

此时形成编号为 0 到 4 的五个子列表,依次对应原 X 坐标、原标高、换算后 X 坐标、换算后标高和换算中间值。接下来要通过控制点创建拱轴线,因此需要提取换算后的坐标,即列表 2 和列表 3。双击工作空间空白处,创建【Code Block】节点,手动输入字母加中括号的形式来加索引值,提取含有换算数据的列表,如输入"a[2];a[3];",如图 7-19 所示。

完成提取后,需要把文字和空值项去掉,选择【Core】列表中【List】子列表的【Slice】节点,这个节点的作用是从列表中提取所需项,有四个输入端,如图 7-20 所示。

【list】输入端连接到前面提取的列表,如【a[2]】,对应【List Transpose】节点所提列表的【2 List】,即换算后的拱轴线 X 坐标;【start】输入端是输入起点索引,即起点项,【a[2]】子列表中,第 0 项和第 1 项为空,所以从第 2 项开始;【end】输入端是输入终点索引,即终点项的下一项,【a[2]】子列表中,第 113 项为空,所以终点项的下一项设为第 113 项;【step】输入端是输入步长,默认值为 1,保持默认值即可。

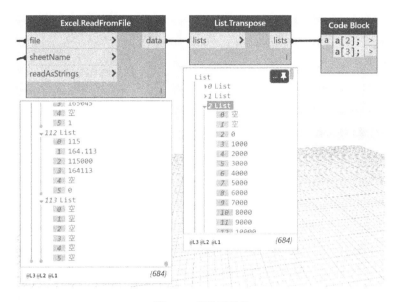

图 7-19　提取子列表

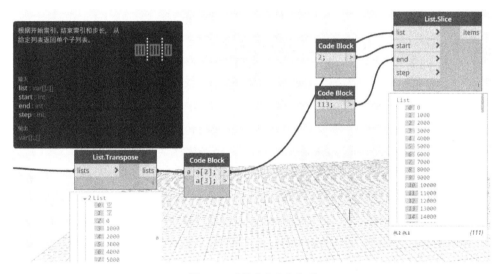

图 7-20　去掉文字和空值项

使用相同的方法处理【a[3]】列表,运行,如图 7-21 所示。

(4)在 Dynamo 中创建拱轴线控制点。

Dynamo 软件有节点分组功能,在完成一个步骤的节点创建及连接后,如上述过程完成了表格数据提取,可以框选这些节点,右击【创建组】来进行整理。

选择左侧【Geometry】列表中【Point】子列表下的【ByCoordinates】节点,这个节点输入端分别为 X,Y,Z,【x】输入端连接处理后的拱轴线 X 坐标,【z】输入端连接处理后的标高。本案例中,由于后续是以族的形式导入 Revit,插入桥梁项目时,可以根据图纸确定具体位置,所以"Y"坐标设为 0 即可,导入 Revit 后再调整位置,如图 7-22 所示。

在左上角的【选项】中选择【几何图形工作范围】,如图 7-23 所示,选择【大】,如图 7-24 所示。

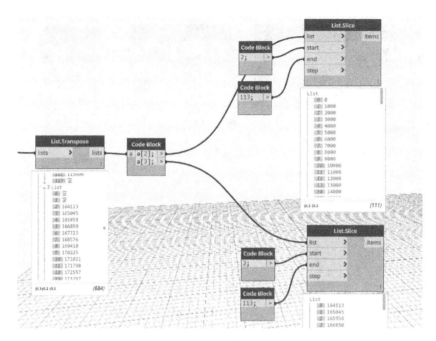

图 7-21 处理 a[3]列表

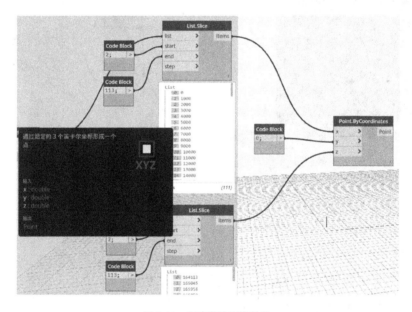

图 7-22 创建拱轴线控制点

选中工作空间中的【Point. ByCoordinates】节点,如图 7-25 所示,在右上角切换到【启用背景三维预览导航(Ctrl + B)】,可以预览创建的拱轴线控制点,如图 7-26 所示。

(5)由拱轴线控制点创建拱轴线。

在右上角切换回图表视图模式,选择左侧【Geometry】列表中【NurbsCurve】子列表下的【ByControlPoints】节点,由拱轴线控制点创建拱轴线,如图 7-27 所示。如果考虑到施工因素,需要对拱肋进行划分,可以在这一步添加【SplitByPoints】节点对拱轴线进行分割。

图7-23 选择几何图形工作范围

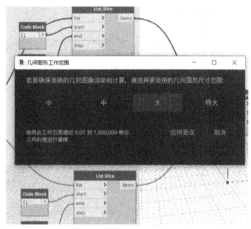
图7-24 更改几何图形工作范围

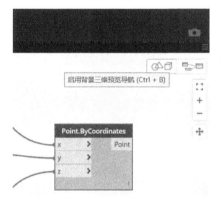
图7-25 切换到预览背景三维空间

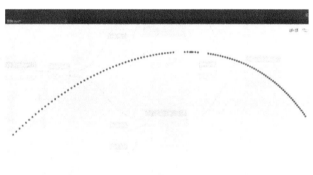
图7-26 预览创建的拱轴线控制点

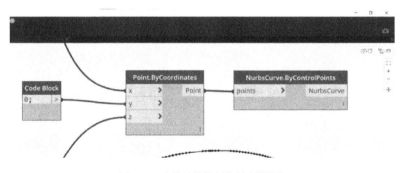
图7-27 由拱轴线控制点创建拱轴线

（6）在拱轴线的起点与终点获取切面。

在后续的放样中需要从起点开始沿拱轴线放样四根钢管，从起点和终点分别开始放样缀板，因此要在拱轴线起点和终点获取切面，在切面上创建轮廓。选择左侧【Geometry】列表中【Curve】子列表下的【PlaneAtParameter】节点，节点有两个输入端，【curve】输入端连接到曲线，【param】输入端则是输入要获取切面的位置，0为起点，1为终点，使用【Code Block】节点输入"{0,1}"，需要注意，花括号和逗号都为半角格式，如图7-28所示。

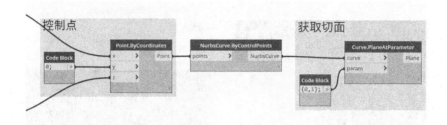

图 7-28　获取切面

(7) 创建钢管轮廓。

选择左侧【Geometry】列表中【Circle】子列表下的【ByPlaneRadius】节点,【plane】输入端连接要放置的剖面,【radius】输入端则是输入半径,创建内外轮廓圆,由于拱肋是等截面,所以取起点处创建即可,如图 7-29 所示,终点则作为创建缀板的准备,先不使用。

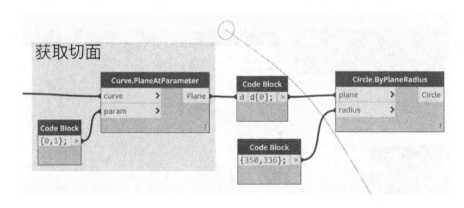

图 7-29　创建内外轮廓圆

也可以选择在 Revit 中新建族创建轮廓,用【模型线】绘制轮廓,再从族中将轮廓导入 Dynamo。本案例为后续体现 Dynamo 的编程功能,选择在 Dynamo 中创建。上一步创建的圆位于拱轴线的起点和终点中心,而根据图纸,截面有四根钢管,如图 7-30 所示,因此要对圆进行偏移处理。

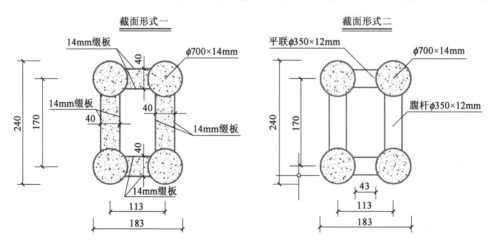

图 7-30　截面图纸(尺寸单位:cm)

对圆进行偏移处理,可以使用【Code Block】节点编写代码。在 Dynamo 中,自带的【Translate(geometry,direction,distance)】节点一次只能使目标朝一个方向移动一定距离,不能同时输入两个方向;而【Translate(x,y,z)】节点需要具体的移动坐标,此时应偏移的圆在切面上,难以确定具体的坐标。因此可以利用【Code Block】节点调用已有节点,把多个运行步骤集成在一个函数里,这就是基础的编程思想。具体做法:首先用一个【Code Block】节点定义新函数,在第一行定义名称,输入"def + 空格 + 函数名称",括号内则定义五个新函数所需元素,分别是输入的圆、方向1、距离1、方向2、距离2。在第二行输入花括号,定义运算法则。具体编程内容如图 7-31 所示,将位于中心的圆分别向左上、左下、右上、右下进行偏移。

```
Code Block
def TranslateBy2direction(input1:Circle,input2:Vector,input3:double,
input4:Vector,input5:double)
{
a1:Circle=Circle.Translate(input1,input2,input3);
a2:Circle=Circle.Translate(a1,input4,input5);
a3:Circle=Circle.Translate(input1,input2,-input3);
a4:Circle=Circle.Translate(a3,input4,-input5);
a5:Circle=Circle.Translate(input1,input2,input3);
a6:Circle=Circle.Translate(a5,input4,-input5);
a7:Circle=Circle.Translate(input1,input2,-input3);
a8:Circle=Circle.Translate(a7,input4,input5);
return={a2,a4,a6,a8};
};
```

图 7-31 编程代码

新函数有五个输入端,分别对应定义的五个函数元素,输入的方向则是切面坐标系的 X 方向和 Y 方向,因此要在切面创建坐标系,选择左侧【Geometry】列表中【CoordinateSystem】子列表下的【ByPlane】节点,如图 7-32 所示,创建坐标系。

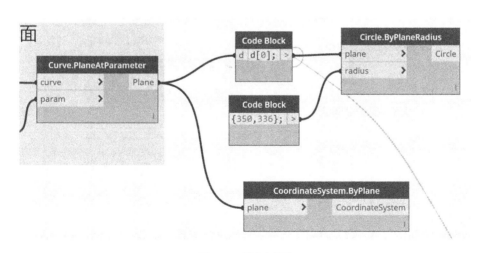

图 7-32 创建坐标系

选择左侧【Geometry】列表中【CoordinateSystem】子列表下的【XAxis】和【YAxis】节点,使用坐标系的 X 方向和 Y 方向,如图 7-33 所示。

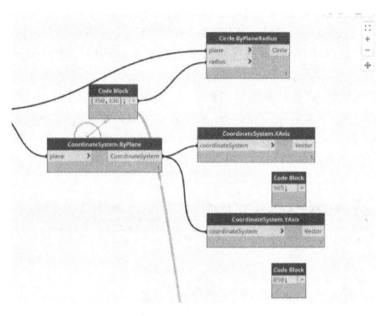

图 7-33 使用坐标系 X 方向和 Y 方向

然后双击空白处创建一个【Code Block】节点,引用新函数,括号内可以定义输入端的名称,对应五个函数元素。再分别连接对应节点,完成偏移,得到两个列表共八个内外轮廓圆,如图 7-34 所示。

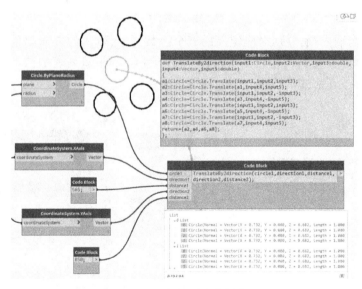

图 7-34 完成钢管轮廓创建

(8)放样。

选择左侧【Geometry】列表中【Solid】子列表下的【BySweep】节点进行放样,如图 7-35 所示,该节点有两个输入端,【profile】输入端连接到钢管轮廓,【path】输入端则连接到放样的路径,在"(5)由拱轴线控制点创建拱轴线"中创建的【NurbsCurve.ByControlPoints】节点。如图 7-34 所示,这里共形成了内外八个钢管轮廓圆,需要使用剪切功能剪切掉内轮廓形成的钢管。

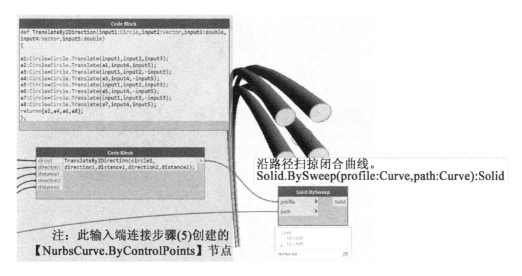

图 7-35 放样

(9) 剪切。

选择左侧【Geometry】列表中【Geometry】子列表下的【Split】节点进行剪切,如图 7-36 所示,此时得到的是钢管壁和实心内轮廓,需要提取出钢管壁部分。

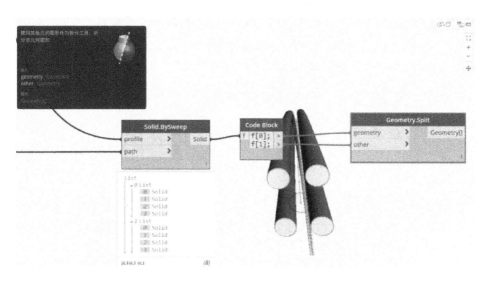

图 7-36 剪切

选择左侧【Core】列表中【List】子列表下的【FirstItem】节点,右键单击节点,选择【连缀】中的【最长】,如图 7-37 所示。连缀方式决定了对多层列表的提取方式,在这里,如果默认【最短】,就只会提取【Split】节点的第一个子列表,一个钢管壁和一个实心内轮廓;而选择【最长】,则是提取每个子列表的第一项,符合需求。

至此,主拱就完成了初步创建,后续腹杆和平联创建完成后,还需要在焊接处进行剪切,接下来进行腹杆和平联的创建。

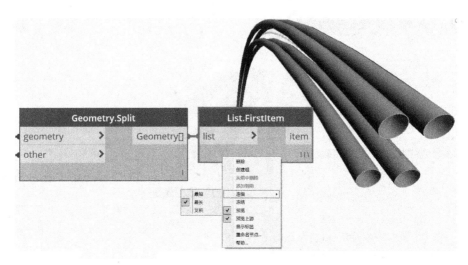

图 7-37 提取钢管壁

2. 腹杆创建

(1)处理 CAD 数据,导入表格数据。

与主拱创建步骤 1 流程(1)“对 CAD 图纸数据进行处理”时相同,导入表格数据,最终结果如图 7-38 所示,右边四列数据分别为 *X* 坐标、腹杆中心线上端点标高、腹杆中点标高、腹杆中心线下端点标高,而平联中心线端点与腹杆中心线端点重合。节点如图 7-39 所示,转置后提取 a[5]、a[6]、a[8]三个列表,分别对应 Excel 表格中的 F、H、I 列,对应实际的 *X* 坐标、腹杆中心线上端点标高、腹杆中心线下端点标高。

	A	B	C	D	E	F	G	H	I
1	0.000	1.164	0.000	-1.172		0	165277	164113	162941
2	2.000	2.982	1.843	0.697		2000	167095	165956	164810
3	4.000	4.723	3.607	2.485		4000	168836	167720	166598
4	6.000	6.387	5.293	4.193		6000	170500	169406	168306
5	7.500	7.586	6.508	5.424		7500	171699	170621	169537
6	9.167	8.869	7.807	6.741		9167	172982	171920	170854
7	10.833	10.100	9.055	8.005		10833	174213	173168	172118
8	12.500	11.283	10.253	9.218		12500	175396	174366	173331
9	14.167	12.417	11.401	10.380		14167	176530	175514	174493
10	15.833	13.501	12.499	11.492		15833	177614	176612	175605
11	17.500	14.538	13.549	12.556		17500	178651	177662	176669
12	19.167	15.528	14.551	13.571		19167	179641	178664	177684
13	20.833	16.471	15.506	14.537		20833	180584	179619	178650
14	22.500	17.369	16.414	15.457		22500	181482	180527	179570

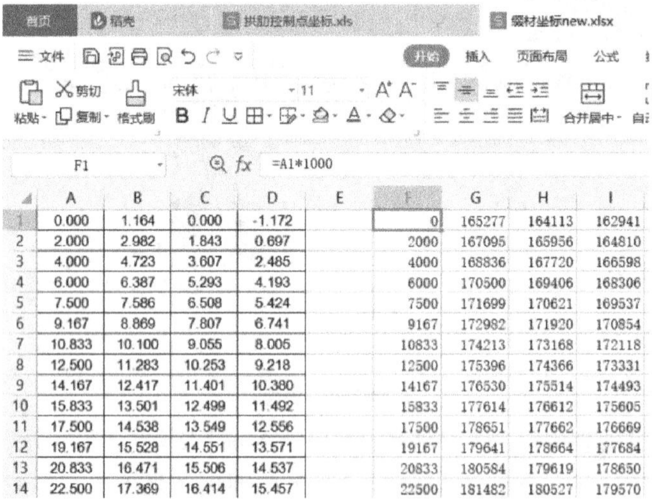

图 7-38 导入表格数据(一)

(2)在 Dynamo 中创建腹杆端点。

同样进行点的创建,由于两侧都有腹杆,还有上下端点,因此一个 *X* 坐标分别对应两个 *Y* 坐标、两个标高。在【Point. ByCoordinates】节点选择【叉积】可以实现对应,如图 7-40 所示。

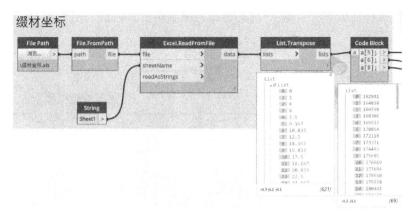

图 7-39　节点(一)

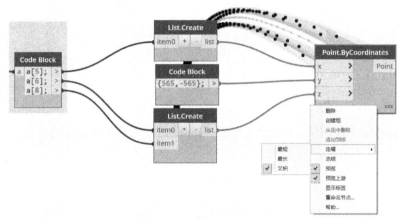

图 7-40　创建腹杆端点

(3)提取端点,连接腹杆中心线。

腹杆有竖直和倾斜两种,需要一一对应上下端点。上一步【叉积】形成的列表是四级嵌套列表,不能直接引用,使用【List.Flatten】节点,展开为二级列表,含四个子列表,以便直接引用,如图 7-41 所示。

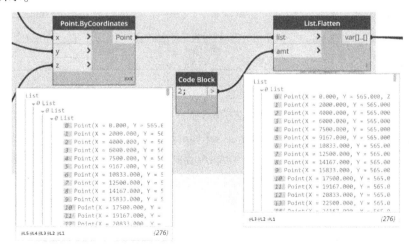

图 7-41　展开列表

根据图纸,腹杆是从第四个端点开始,前面为缀板部分,因此使用【List.Slice】节点提取所需点,如图 7-42 所示。

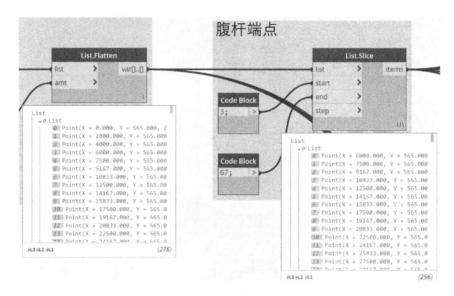

图 7-42 提取腹杆端点

由于两侧斜腹杆方向不同,因此要分开进行连接,如图 7-43 所示。

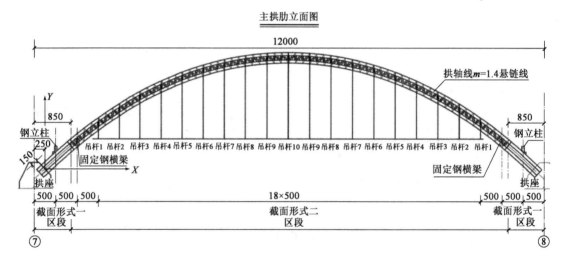

图 7-43 腹杆图纸(尺寸单位:cm)

如图 7-44 所示,使用【Line.ByStartPointEndPoint】节点分别连接两侧的竖腹杆中心线。

如图 7-45 所示,由于斜腹杆是错开一个端点连线,先使用【List.Slice】节点提取,分组后使用【Line.ByStartPointEndPoint】节点连接线,连接左侧斜腹杆中心线。

如图 7-46 所示,完成右侧斜腹杆中心线连接,注意这里的【List.Slice】节点连缀方式都为【最长】。

该部分完整节点连接如图 7-47 所示。

第7章 · 拱桥建模实例

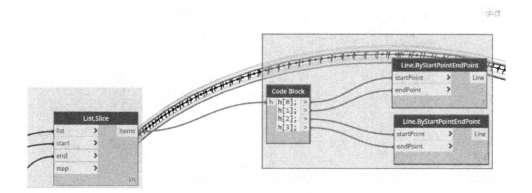

图 7-44　连接竖腹杆中心线

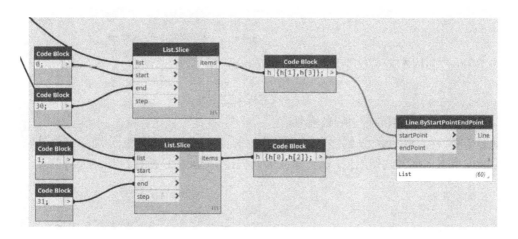

图 7-45　连接左侧斜腹杆中心线

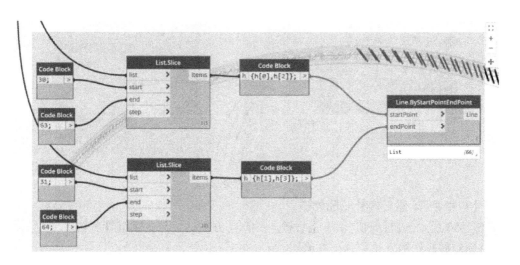

图 7-46　连接右侧斜腹杆中心线

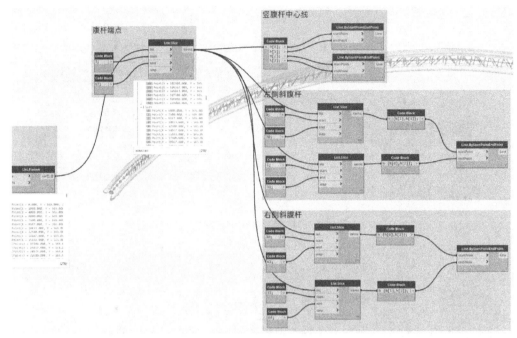

图 7-47 完整节点连接

(4) 创建竖腹杆钢管轮廓,放样,剪切。

如图 7-48 右上角所示,先创建竖腹杆钢管轮廓,由于分左右两侧,分别又有内外轮廓,因此创建圆的节点连缀方式使用【叉积】,输入端列表也同流程(3)所建【List. Slice】节点。

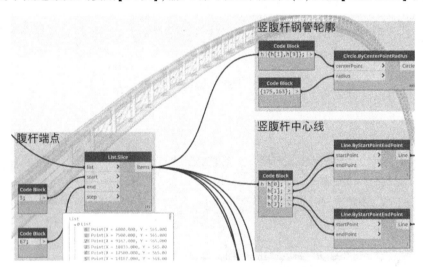

图 7-48 创建竖腹杆钢管轮廓

如图 7-49 所示,进行内外轮廓放样。

如图 7-50 所示,进行剪切,留下钢管壁,并组合,方便后续与主拱钢管剪切。

(5) 创建斜腹杆钢管轮廓,放样,剪切。

创建斜腹杆钢管内外轮廓与创建竖腹杆钢管轮廓步骤相似,不同的是使用中心线的方向来定位轮廓所在平面。左侧斜腹杆钢管轮廓、放样,以及详细节点如图 7-51、图 7-52 所示。

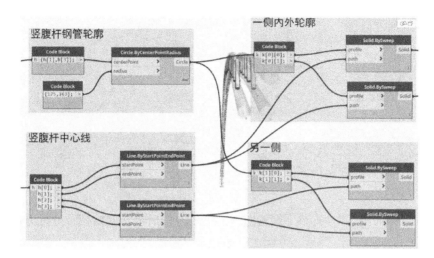

图 7-49 竖腹杆内外轮廓放样

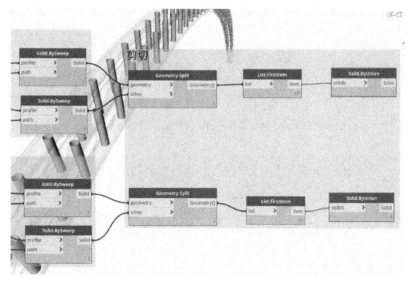

图 7-50 竖腹杆剪切、组合

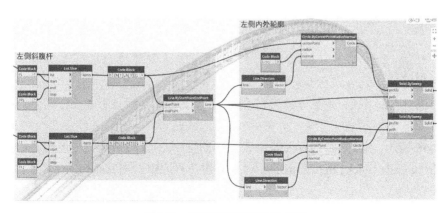

图 7-51 左侧斜腹杆钢管轮廓、放样

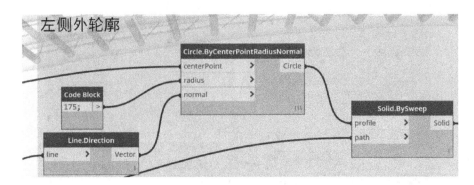

图7-52 详细节点

如图7-53所示,进行剪切,留下钢管壁,并组合,方便后续与主拱钢管进行剪切。

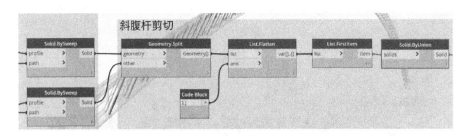

图7-53 左侧斜腹杆剪切、组合

如图7-54所示,右侧斜腹杆也进行类似操作,完成腹杆创建。

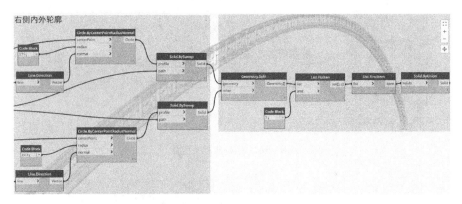

图7-54 右侧斜腹杆轮廓创建、剪切及组合

3. 平联创建

如图7-55所示,平联创建与竖腹杆创建相似,先提取端点并连线,区别是连接顺序不同。

如图7-56所示,创建平联钢管内外轮廓,使用中心线的方向来定位轮廓所在平面,随后放样。图中两个【Code Block】连接前面的步骤2流程(3)所创建的【List. Slice】节点,目的是提取端点作为圆心。

如图7-57所示,进行剪切、组合,留下钢管壁,并组合,方便后续与主拱钢管进行剪切。

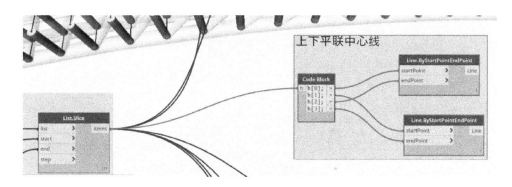

图 7-55　上下平联中心线

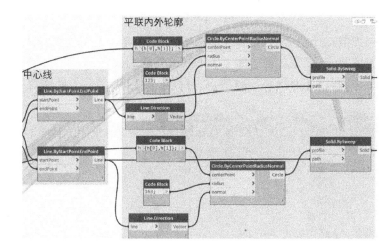

图 7-56　平联内外轮廓创建及放样

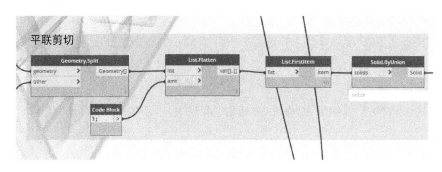

图 7-57　平联剪切、组合

4. 总体剪切

经过前面的步骤,主拱、腹杆、平联都已创建完毕,可以进行相互剪切,这一步骤的图形处理较为复杂,如果电脑性能不允许,可以直接跳过总体剪切,直接进行导出,但如果不进行剪切,缀材和主拱的连接处就得不到处理。

如图 7-58 所示,将主拱钢管使用【Solid. ByUnion】节点组合,然后与腹杆和平联的组合进行剪切。

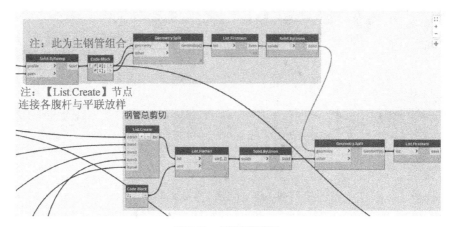

图 7-58　主拱钢管剪切

钢管剪切的详细节点如图 7-59 所示,【List.Create】节点输入端分别为步骤 2 流程(4)创建的竖腹杆的外轮廓放样、步骤 3 创建的上下平联的外轮廓放样、步骤 2 流程(5)创建的两侧的斜腹杆外轮廓放样,即【Solid.BySweep】节点,可参考图 7-59,最后得到剪切后的主拱钢管。

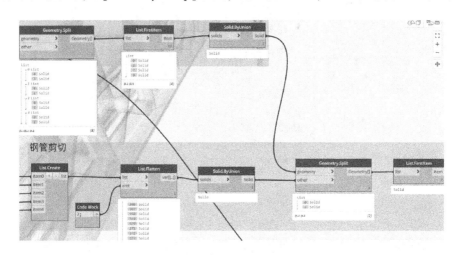

图 7-59　钢管剪切详细节点

与得到剪切后的主拱钢管操作步骤相似,对腹杆和平联进行剪切,缀材详细节点如图 7-60 所示。

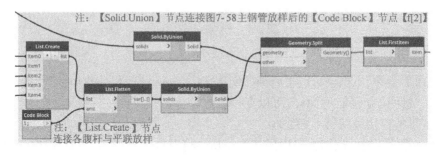

图 7-60　缀材剪切详细节点

剪切后的钢管效果如图7-61所示,总体效果如图7-62所示。

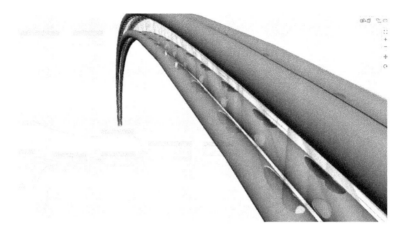

图7-61　剪切后的钢管效果

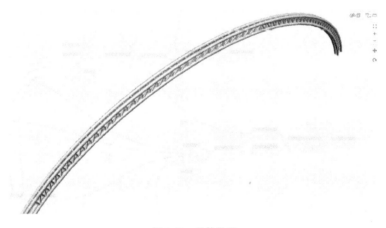

图7-62　总体效果

5.缀板创建

(1)绘制缀板轮廓。

新建一个常规模型族,使用【模型线】在前立面绘制好缀板截面轮廓,图纸见图7-30,轮廓绘制如图7-63所示,形成八个闭合小截面,随后选择【载入到项目并关闭】。

如图7-64所示,从 Revit 中导入轮廓到 Dynamo。先将轮廓放置在项目原点,然后用【Element.Geometry】将节点读取出来。此时读取的族轮廓是由直线、曲线组成的零散图形,不能作为放样轮廓。

使用拓展节点包【Chynamo】列表下【Geometry】子列表的【Curve.SuperJoin-ArchiLab】节点组合成整体的轮廓,如图7-65所示。

拓展节点包可以从网络上下载获得,然后放置到 Dynamo【设置】中的【管理节点和软件包路径】的指定路径中即可。

(2)剪切线段。

选择左侧列表【Geometry】列表下【Curve】子列表的【SplitByPoints】节点,从第四个点和倒数第四个控制点处把拱轴控制线分为三段,两端的线段即为放样路径,如图7-66所示。

图 7-63 绘制缀板轮廓(尺寸单位:mm)

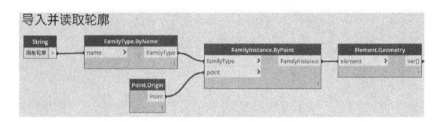

图 7-64 导入并读取轮廓

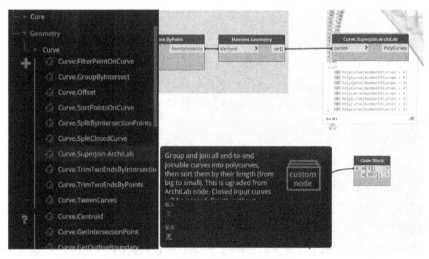

图 7-65 形成整体轮廓

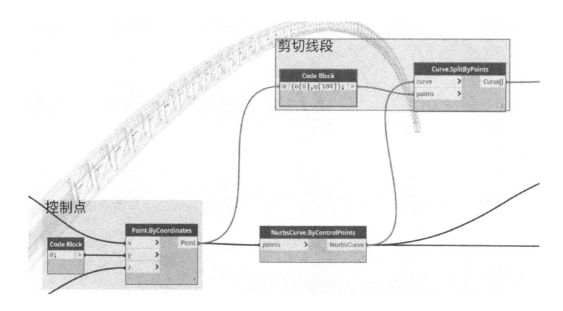

图 7-66　剪切拱轴控制线

(3)将族轮廓放置到切面坐标系上。

选择左侧列表【Geometry】列表下【Geometry】子列表的【Transform】节点,如图 7-67 右上角所示,将导入的族轮廓放置到先前创建的起点和终点切面坐标系上,此时每个子列表的第一项和第二项分别位于起点和终点,需要分组。

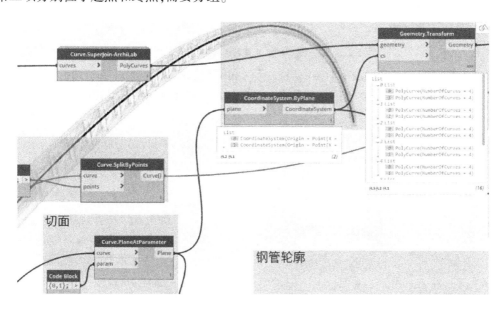

图 7-67　切面坐标系

此时放置的轮廓平行于拱轴线,如图 7-68 所示,需要旋转至垂直位置。

先对放置的轮廓进行分组(图 7-69),选择左侧【Core】列表下【List】子列表的【Deconstruct】节点,连缀方式选择【最长】,该节点可将子列表的第一项和其他项分开。再使用

【List.Flatten】节点将提取的八个小轮廓合为一个列表，同时提取坐标系的 YZ 平面准备旋转。

图 7-68　放置平面

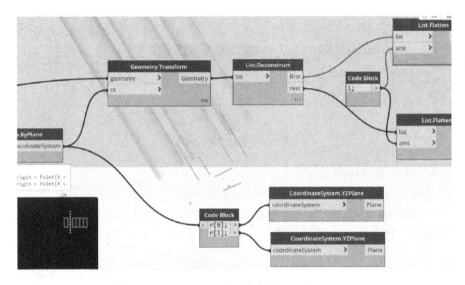

图 7-69　放置轮廓分组

选择左侧【Geometry】列表下【Geometry】子列表的【Rotate】节点，对基于切面坐标系的 XY 平面进行旋转，得到垂直于拱轴线切线的截面轮廓，如图 7-70 所示。

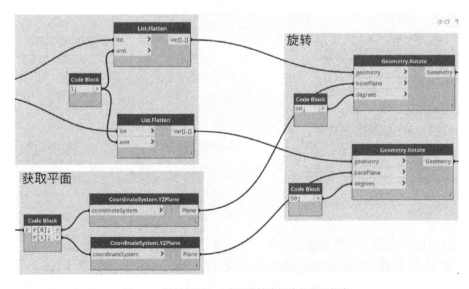

图 7-70　旋转得到的垂直于拱轴线切线的截面轮廓

(4)放样。

如图7-71所示,使用【Solid.BySweep】节点,路径连接前面剪切的线段,取头尾两段,完成放样。

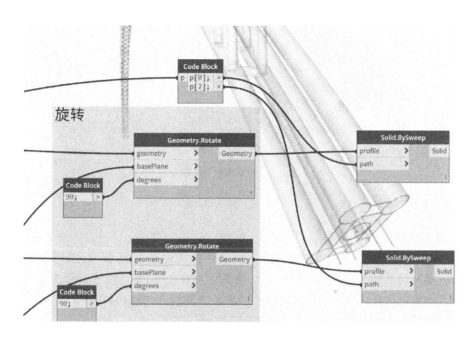

图7-71　缀板轮廓放样

在放样后对轮廓进行分组(图7-72),以便后续导出。

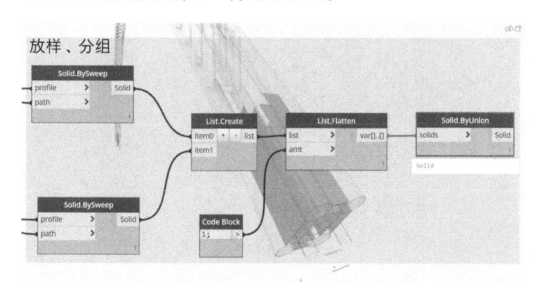

图7-72　分组

至此,拱肋族完成创建,由于系杆族也会在Dynamo中创建,故拱肋族可在系杆创建完成后与系杆族一并导出。在Dynamo中的拱肋族效果预览如图7-73所示。

图 7-73 拱肋族效果预览

7.2.2 系杆族的创建

(1) 处理表格数据并导入。

与主拱族创建时相同,系杆族创建时导入的表格数据如图 7-74 所示,四列数据分别为原系杆顶标高、换算后系杆顶标高、原系杆长度、换算后系杆长度,其中由于后续准备自上而下放样系杆,长度换算时取负值,以便创建中心线。而系杆顶端点与竖腹杆下端点重合,因此只用提取长度。节点如图 7-75 所示,转置后提取第四列,即 a[3]。

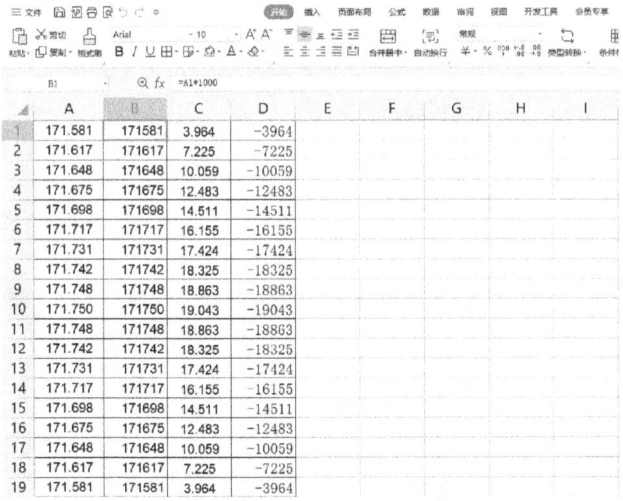

图 7-74 导入表格数据(二)

(2) 创建系杆上端点。

系杆上端点与部分腹杆下端点重合,因此从前面导入的缆材坐标中提取出这部分坐标,如图 7-76 所示,再创建点。图纸可参考图 7-43。

如图 7-77 所示,选择左侧【Core】列表下【List】子列表的【TakeEveryNthItem】节点,在腹杆下端坐标中,每三个提取一个坐标,其中就包含所需的系杆上端点坐标和桥面所在点坐标,从中再用【List.Slice】节点提取出系杆上端点坐标。

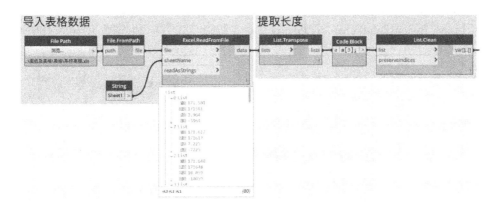

图 7-75 节点(二)

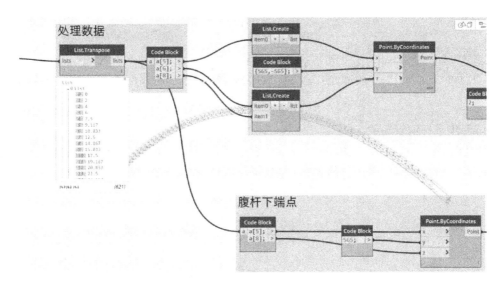

图 7-76 提取坐标(一)

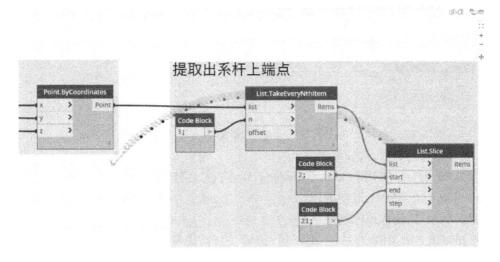

图 7-77 提取坐标(二)

(3) 创建系杆中心线。

使用【Line.ByStartPointDirectionLength】节点,通过点、Z方向和长度,创建系杆中心线,如图7-78所示。

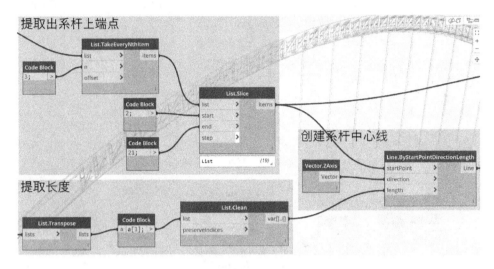

图7-78 创建系杆中心线

(4) 创建系杆钢管轮廓。

使用【Circle.ByCenterPointRadiusNormal】节点,创建系杆钢管内外轮廓,注意节点连缀方式为【最长】,输入的半径采用二级列表,即双层花括号,如图7-79所示。

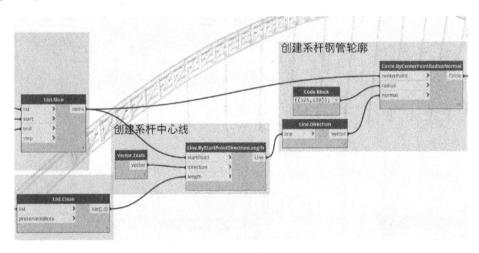

图7-79 创建系杆钢管内外轮廓

(5) 系杆钢管轮廓放样、分组。

如图7-80所示,使用【Solid.BySweep】节点,注意连缀方式为【最短】,再用【List.Deconstruct】节点进行分组,以便剪切。

(6) 剪切、组合,完成系杆族创建。

与腹杆创建方法相似,对系杆钢管进行剪切、组合,提取出钢管壁,如图7-81所示,注意【List.FirstItem】节点连缀方式为【最长】。

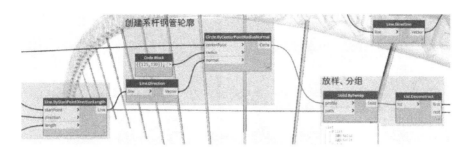

图 7-80　系杆钢管轮廓放样、分组

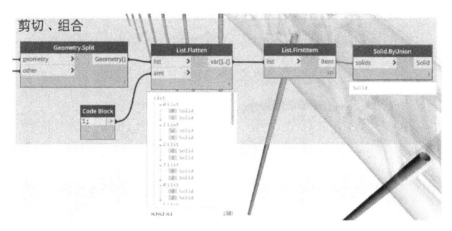

图 7-81　系杆钢管剪切、组合

7.2.3　将拱肋族和系杆族导入 Revit

（1）Dynamo 中节点布置。

选择左侧拓展节点包【Springs】列表下【Revit】子列表的【FamilyInstance.ByGeometry】节点，如图 7-82 所示，该节点有七个输入端，其中前四个比较重要。【geometry】输入端连接要导入 Revit 的实体，这里创建了一个列表，分别连接到创建的缀板、主拱钢管、腹杆与平联、系杆对应的【Solid.Union】节点；【familyTemplatePath】输入端则连接计算机本地 Revit 族模板所在文件位置，对应公制常规模型；【familyName】输入端则对应要创建的族名称；【category】输入端则连接族目录节点，该节点位于【Revit】列表下【Selection】子列表中。运行后等待导入完成，然后分别保存好 Dynamo 文件和 Revit 文件。

（2）Revit 中编辑族，赋予材质属性。

回到 Revit 项目三维视图，选中主钢管，右击项目空白处，选择【编辑族】，如图 7-83 所示。

选中主拱，在左侧属性框【材质】处，单击右侧小方块，关联族参数，如图 7-84 所示。在弹出的列表框中点击左下角的新建族参数图标，如图 7-85 所示。

将新建族参数命名为"主拱材质"，使用实例参数，确定后保存族，并载入项目中，如图 7-86所示，用相同方法处理腹杆、平联、缀板和系杆。

全部处理好后在项目中根据图纸调整主拱位置，可以基于道路中心线进行对称，完成后效果如图 7-87 所示。

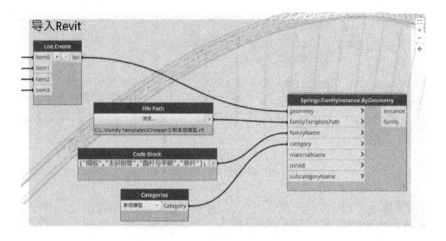

图 7-82 导入 Revit

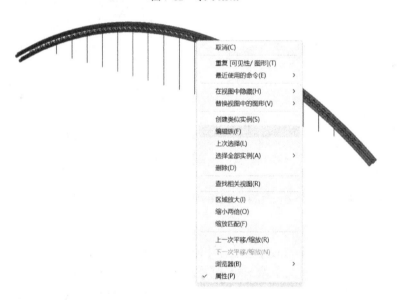

图 7-83 编辑族

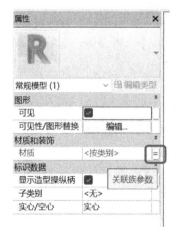 

图 7-84 关联族参数　　　图 7-85 新建族参数

第7章 拱桥建模实例

图 7-86　族参数设置

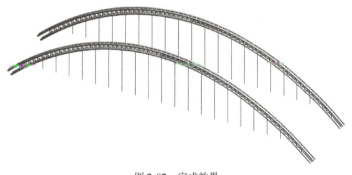

图 7-87　完成效果

7.2.4　承台、墩柱族、横梁族的创建

1. 引桥承台创建

承台创建以拉伸为主,新建"公制常规模型",首先在前立面、右立面分别导入侧面图和立面图,并注意图纸尺寸单位为 cm,而 Revit 默认单位为 mm。如图 7-88 所示,左侧为前立面,右侧为右立面,可以同时按住"W"键和"T"键,使用快捷键平铺窗口。注意导入图纸后要选择图纸,取消左侧属性框【图形】下的【可见】,否则导入项目后在三维视图仍看得见图纸。

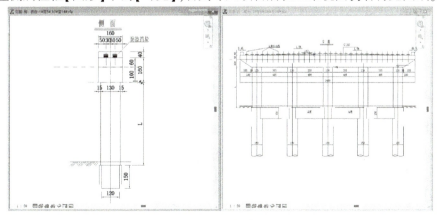

图 7-88　图纸导入

在右立面选择【拉伸】,描出承台主体轮廓,如图 7-89 所示。

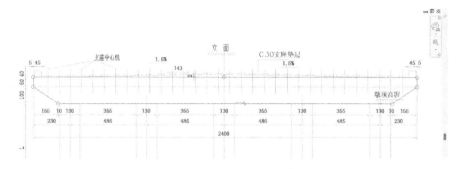

图 7-89　描出承台主体轮廓

在前立面选择所创建的拉伸,并拖动拉伸手柄,即图中所框箭头,到所需厚度,如图 7-90 所示。

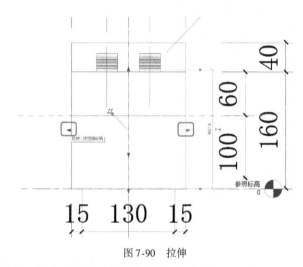

图 7-90　拉伸

以此方法,绘制垫块,完成承台绘制并赋予材质,如图 7-91 所示。

图 7-91　完成承台绘制

2. 墩柱族创建

墩柱分为上下墩柱,此处建模参见第 3 章 3.2.4 创建桥墩族(18)至(20)步,在参照平面绘制圆,创建【拉伸】后,在前立面选择所创建的【拉伸】,并拖动拉伸手柄,即图中所框箭头,拖到【参照线】上,锁定参照,如图 7-92 所示。

赋予参数,完成创建并赋予材质后,上下墩柱族前立面如图 7-93 所示。

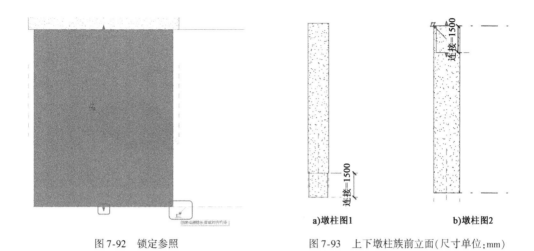

图 7-92 锁定参照　　　　　图 7-93 上下墩柱族前立面(尺寸单位:mm)

3. 主桥横梁族创建

与承台创建步骤相似,主桥横梁族主要采用【拉伸】与【空心拉伸】来创建,使用【拉伸】创建主体后,再使用【空心拉伸】剪切出空心部分和立杆锚固部分,如图 7-94 所示。

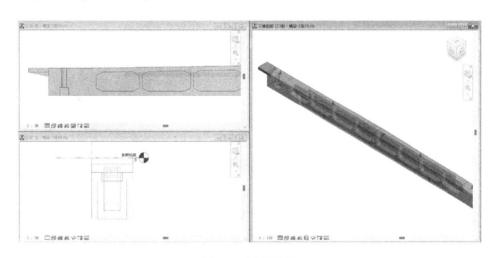

图 7-94 创建横梁族

7.2.5 桥面族的创建

1. 主桥槽形板族创建

主要采用【拉伸】与【空心拉伸】来创建,使用【拉伸】创建主体后,再使用【空心拉伸】剪切出空心部分,如图 7-95 所示。

2. 引桥空心板族创建

主要采用【拉伸】与【空心拉伸】来创建,使用【拉伸】创建主体后,再使用【空心拉伸】剪切出空心部分,如图 7-96 所示。

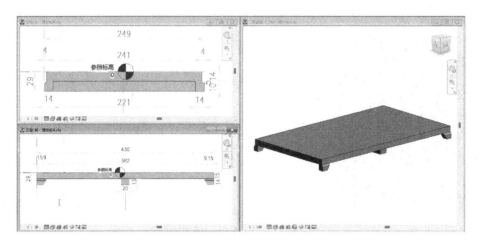

图 7-95　创建槽形板族(尺寸单位:cm)

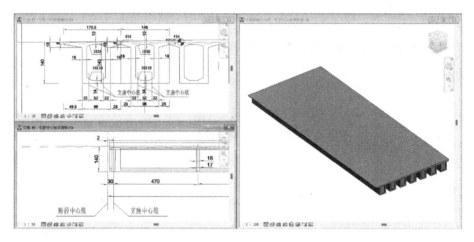

图 7-96　创建空心板族(尺寸单位:cm)

3. 路面族创建

根据横断面图纸,采用【拉伸】创建路面族,如图 7-97 所示。

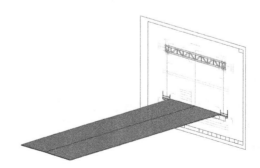

图 7-97　创建路面族

7.2.6 附属结构族的创建

1. 基于面的连续栏杆族创建

首先新建族,选择【基于面的公制常规模型】,如图 7-98 所示。

图 7-98 基于面的公制常规模型

导入一个已创建的栏杆族,并放置在起点,由于要创建连续的栏杆族,因此右端无须封闭,在项目中放置后再补上栏杆柱,如图 7-99 所示。

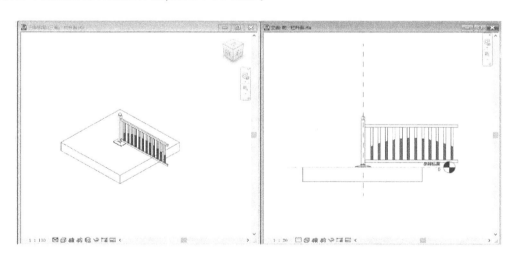

图 7-99 放置栏杆

点击【阵列】命令创建阵列,如图 7-100 所示,将第二个栏杆左端与第一个栏杆右端对齐,此时默认阵列数为 2。

选中图 7-100 "2" 所在的约束,点击左上方【标签】下拉框,创建新参数,可以命名为"栏杆数量",如图 7-101 所示。

至此完成连续栏杆族绘制,在载入项目后可根据长度灵活调整栏杆数量。

2. 基于面的道路线族创建

道路虚线族创建方法与栏杆族类似,采用【阵列】和【创建参数】的方式创建道路虚线族,如图 7-102 所示。

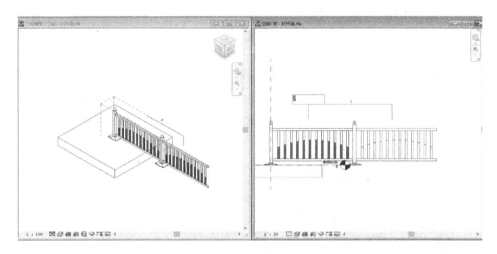

图 7-100　创建阵列

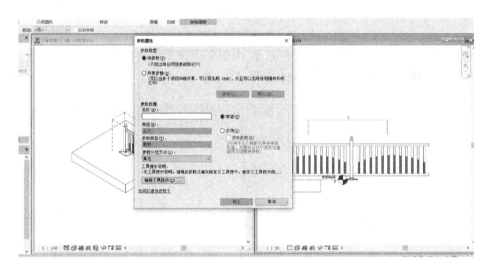

图 7-101　创建新参数

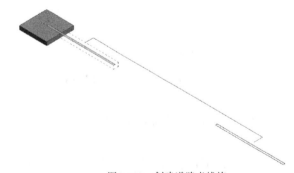

图 7-102　创建道路虚线族

道路实线族创建则直接采用【拉伸】,再【标注】并【创建参数】,赋予长度参数即可,如图 7-103 所示。

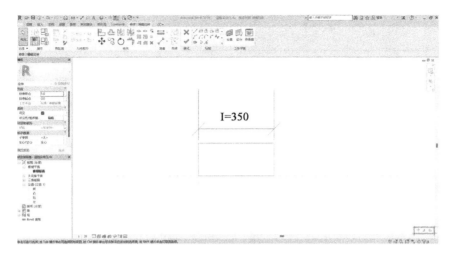

图 7-103　创建道路实线族

7.3　模型组装及渲染

模型组装后总体效果如图 7-104 所示。

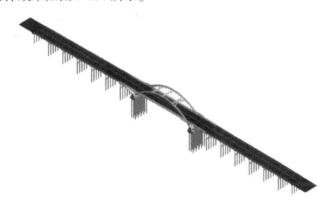

图 7-104　总体效果

细部效果如图 7-105 所示。

图 7-105　细部效果

使用 Lumion 渲染后,效果如图 7-106 和图 7-107 所示。

图 7-106　渲染效果(一)

图 7-107　渲染效果(二)

【本章节配有视频教学数字资源,资源编号为 S-22、S-23,请扫描封面二维码查看】

思考题

7-1　拱桥的构件族有什么特点?

7-2　简述使用 Dynamo 软件相较于使用 Revit 软件的优势。

操作题

创建拱桥模型。

【本章节操作题图纸,资源编号为 T-06,请扫描封面二维码查看】

第 8 章
基于 Revit 及 Navisworks 软件的模型优化

本章主要介绍 BIM 技术在桥梁工程中的其他应用,包括基于 Revit 软件的工程量统计与导出优化图纸,基于 Revit 和 Navisworks 软件的模型碰撞检查等。

8.1 基于 Revit 软件的工程量统计

8.1.1 简介

将 BIM 技术应用于桥梁项目工程量统计中,最突出的优势在于工程计量上的表现更加直观。传统的桥梁计量统计方式存在较大的局限性,工程相关的造价信息通常通过 Excel 或者 Word 的形式进行存储,数据之间缺乏关联性,数据的提取和分析较为复杂,给后期应用数据进行结算造成很大的麻烦,但是应用 BIM 技术就能够很好地解决这方面的问题。Revit 软件的数据库能够收录项目中所有材质的相关数据,在数据的提取上能够实现检索和共享的功能,在工程量的统计上显示出巨大的优势,同时能够将价格和材料的信息融入构建的模型中,在工程计价方面能够减少投入,提升效率。

8.1.2 使用 Revit 软件创建明细表

基于 Revit 软件的工程量统计,通常通过创建明细表来实现。可以通过使用明细表功能中的【材质提取】,进行可用字段选择,得到所需材质的统计信息。在统计信息中,有体积、面积、数量等相关参数。在模型的创建过程中,对材质进行规范的命名,有利于这项工作的进行。

在【视图】选项卡中,选择【明细表】下的【材质提取】,如图 8-1 所示。

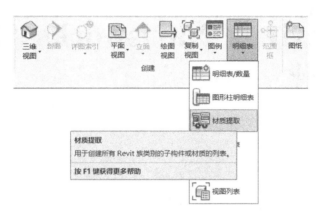

图 8-1 材质提取

在【新建材质提取】界面中选择需要统计的构件类别,由于本项目中桥台、承台、横梁等构件均以常规模型形式创建,因此选择【常规模型】类别,名称命名为"桥梁工程量统计",如图 8-2 所示。

图 8-2 类别选取

随后在【材质提取属性】界面中选择所需【字段】,可选择【族】、【材质:名称】、【材质:体积】等统计所需元素,如图 8-3 所示。

在【材质提取属性】界面中选择【排序/成组】方式,选择【族】为优先排序方式,然后按【材质:名称】排序,如图 8-4 所示,注意不要勾选【逐项列举每个实例(Z)】。

在【材质提取属性】界面中选择【格式】,在【材质:体积】的【条件格式】中选择【计算总数】,如图 8-5 所示,对【材质:面积】也做相同处理。

第8章 基于Revit及Navisworks软件的模型优化

图 8-3 字段选择

图 8-4 排序/成组方式

图 8-5 格式

所形成的统计明细表如图8-6所示，可以看到各项构件混凝土、钢管等工程量的统计。

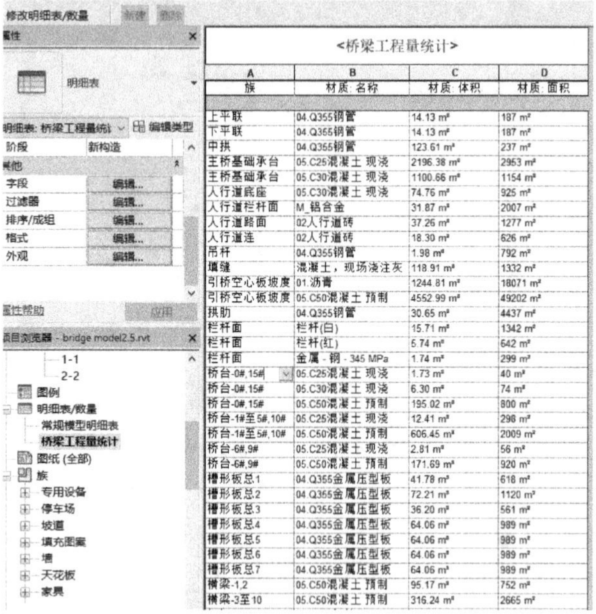

图8-6 明细表（一）

通过改变明细表的排序方式、字段提取等，也可以获得满足不同需求的统计，如构件数量统计等，使用【明细表/数量】，字段选择【族】、【体积】和【合计】，如图8-7所示。

图8-7 选择字段

排序方式则优先【族】，如图8-8所示，在【格式】选项中选择【体积】，再选择【条件格式】中的【计算总和】。

最后所形成的统计明细表如图8-9所示，可以看到各项构件类型和数量的统计。

通过Revit软件创建的明细表，与模型交互十分方便，如图8-10所示，可以将明细表统计的构件与模型对应起来，较为直观。

图 8-8 排序方式

图 8-9 明细表(二)

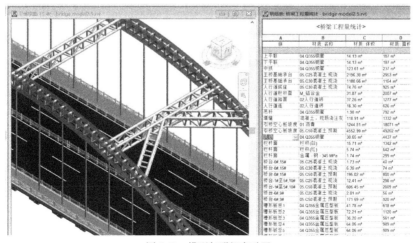

图 8-10 模型与明细表对照

8.1.3 实际应用

通过 BIM 软件获得的准确、有效的工程量数据可以用于方案拟定阶段的成本估算，从而进行方案对比、选择，同时这些工程量数据可以直接用于施工前的工程量预算和施工结束后的工程量决算。

当然，使用 Revit 软件统计工程量也存在一些问题，国内 BIM 类算量软件都是按照内置的构件扣减规则，通过导入的 BIM 模型来匹配工程量清单规则，而 Revit 软件默认的扣减规则设置不符合国内工程量清单规则，从而导致主要的部分构件的工程量会存在误差。这尤其体现在梁、板、柱等这些用量较大的构件上，因此，需要对 Revit 内置的墙、板、柱、梁的扣减规则以及绘制方式不同导致的工程量差异进行研究。同时，BIM 类算量软件的清单规则与 Revit 算量方式计算精度也不一致。采用手算的工程量清单，常存在将一些小洞口、小构件进行模糊计算或省略掉的问题；而 Revit 基于布尔运算直接算出图形面积或者体积，是根据实物量进行计算的，存在多少就计算多少。另外工程量清单规范计算规则中还有孔洞、墙垛的扣除与合并，内外墙体、梁板、梁板柱交接处的扣减规则等，使得 BIM 软件所统计的工程量与国内现行的工程量统计规范存在明显的偏差。

目前一些企业对这些问题进行了研究，通过使用接口的转换，如 YJK、PKPM、迈达斯、广联达等模型转换，将 Revit 模型转换为这些软件的模型形式，从而可以使用相应清单规则，这些接口和转换插件，在软件官网基本可以找到安装及使用教程和下载链接。

【本章节配有视频教学数字资源，资源编号为 S-24，请扫描封面二维码查看】

8.2 基于 Revit 软件导出优化图纸

8.2.1 简介

通过 Revit 软件快速建模以后，可以基于 Revit 模型对设计桥梁进行优化设计，如发现构件相碰、管道相碰等在二维平面图纸上不易发现的错误并进行相应调整。此时还可以应用 Revit 阶段划分功能对桥梁的实际情况进行模拟，划分出原设计和优化设计，在【管理】选项卡下的【阶段化】中可以进行相应设置，然后在构件的属性框中对原设计和优化设计的阶段进行选择，如图 8-11 所示。

图 8-11 阶段化设计

Revit 还可以通过追踪原设计或优化设计的图元,利用过滤的方式显示阶段内模型,并可以控制建筑信息在不同方面的使用,如项目视图、明细表等,创建与各个阶段相对应的项目文档,更好地对整个项目文件进行编辑和展示,在阶段化设计后,就可以导出相应的优化图纸。

8.2.2 创建并导出优化图纸

在【管理】选项卡下的【图纸】中创建图纸,可以载入所需标题栏格式,如图 8-12 所示。选择所需视图,如图 8-13 所示。

图 8-12 标题栏格式载入　　　　　图 8-13 视图选择

然后进行图纸布置,如图 8-14 所示,可以在各视图属性中设置比例等参数,也可以设置只显示优化设计阶段等选项。

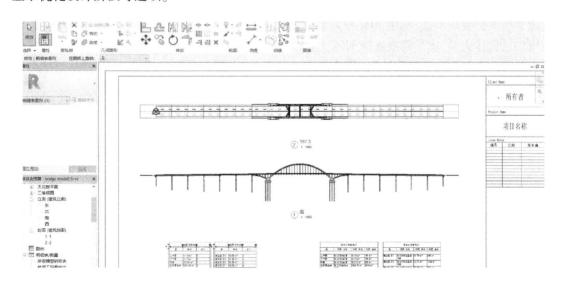

图 8-14 图纸布置

最后进行图纸导出,如图 8-15 所示,在【文件】选项卡下的【导出】中选择相应格式,即完成优化图纸的导出。

图 8-15　图纸导出

【本章节配有视频教学数字资源,资源编号为 S-25,请扫描封面二维码查看】

8.3　模型碰撞检查

8.3.1　简介

碰撞检查在 BIM 技术中扮演着非常重要的角色。一个项目通常由各种构件(建筑、结构、机械、水暖电)相互拼装与交错穿插而成,无论是结构施工还是机电施工,都很容易将各个构件交叠从而影响施工的精确程度、安全性与成本。通常情况下,设计人员会在施工前对管线与结构做碰撞检查,但图纸存在局限性而不能全面反映各种状况,容易造成一些碰撞的问题。为避免这些不必要的问题,利用 BIM 技术的可视化功能进行碰撞检查,可以及时发现设计漏洞并反馈给设计人员,提早解决实际问题,提高效率。

碰撞问题可以分为两种情况:硬碰撞(实体在空间上存在交集)、间隙碰撞(实体与实体在空间上并不存在交集,但两者之间的距离 d 小于设定的公差 T 即被认定为碰撞)。

8.3.2　基于 Revit 的碰撞检查

Revit 自带碰撞检查功能,我们可以针对较简单的项目直接运用 Revit 的自带功能来检查建筑的碰撞问题。

(1)在【协作】选项卡中,选择【坐标】面板下的【碰撞检查】,如图 8-16 所示。

图 8-16　碰撞检查选项

(2)点击【运行碰撞检查】按钮,弹出【碰撞检查】对话框,如图 8-17 所示。

【碰撞检查】对话框分左右两栏,可选择当前项目中的不同类别的构件进行碰撞检查,或者选择当前项目中的构件与链接进来的构件进行碰撞检查。

(3)选择完需参与碰撞检查的构件后,点击【确定】按钮,弹出【冲突报告】对话框,查看碰撞检查结果,如图 8-18 所示。

图 8-17　【碰撞检查】对话框　　　　图 8-18　冲突报告

(4)修改碰撞对象并更新碰撞检查结果。

点击冲突报告中的"＋"号,可以查看每项碰撞的具体信息,包括主体与副体的详细信息(图 8-19)。选择某个具体信息,点击【显示】按钮,软件会自动跳转至模型中发生碰撞的具体位置,并突出显示(图 8-20)。

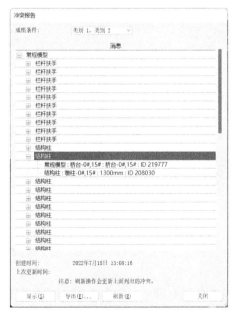

图 8-19　构件碰撞详细信息

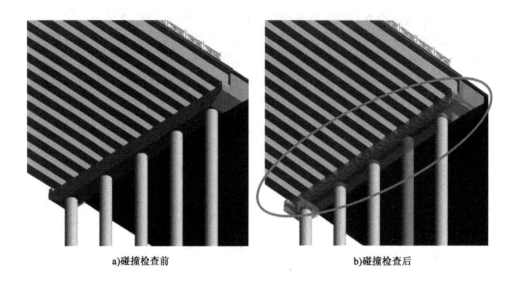

图 8-20 碰撞检查前后对比

在查看碰撞的过程中,也可以直接修改碰撞点,修改完毕后点击【刷新】按钮,相应的冲突信息会从冲突报告中消失(图 8-21)。

图 8-21 导出与刷新

(5)导出碰撞冲突报告。

点击【导出】按钮,软件会弹出【将冲突报告导出为文件】对话框,可生成.html 格式的碰撞冲突报告,如图 8-22 所示。

冲突报告会以.html 格式保存在电脑中,使用 IE 等浏览器可以打开文档查看冲突的具体信息,如图 8-23 所示。

图 8-22 导出碰撞冲突报告

冲突报告

冲突报告项目文件: E:\BaiduNetdiskDownload\bridge model2.5.rvt
创建时间: 2022年7月15日 13:24:16
上次更新时间:

	A	B
1	常规模型 : 桥台-0#,15# : 桥台-0#,15# : ID 219777	结构柱 : 墩柱-0#,15# : 1300mm : ID 207170
2	常规模型 : 桥台-0#,15# : 桥台-0#,15# : ID 219777	结构柱 : 墩柱-0#,15# : 1300mm : ID 208030
3	常规模型 : 桥台-0#,15# : 桥台-0#,15# : ID 219777	结构柱 : 墩柱-0#,15# : 1300mm : ID 208069
4	常规模型 : 桥台-0#,15# : 桥台-0#,15# : ID 219777	结构柱 : 墩柱-0#,15# : 1300mm : ID 208226
5	常规模型 : 桥台-0#,15# : 桥台-0#,15# : ID 219777	结构柱 : 墩柱-0#,15# : 1300mm : ID 208238
6	常规模型 : 桥台-0#,15# : 桥台-0#,15# : ID 224178	结构柱 : 墩柱-0#,15# : 1300mm : ID 215036
7	常规模型 : 桥台-0#,15# : 桥台-0#,15# : ID 224178	结构柱 : 墩柱-0#,15# : 1300mm : ID 215038
8	常规模型 : 桥台-0#,15# : 桥台-0#,15# : ID 224178	结构柱 : 墩柱-0#,15# : 1300mm : ID 215040
9	常规模型 : 桥台-0#,15# : 桥台-0#,15# : ID 224178	结构柱 : 墩柱-0#,15# : 1300mm : ID 215042
10	常规模型 : 桥台-0#,15# : 桥台-0#,15# : ID 224178	结构柱 : 墩柱-0#,15# : 1300mm : ID 215044
11	常规模型 : 主桥基础承台 : 主桥基础承台 : ID 224493	结构柱 : 墩柱-0#,15# : 1500mm : ID 224756
12	常规模型 : 主桥基础承台 : 主桥基础承台 : ID 224493	结构柱 : 墩柱-0#,15# : 1500mm : ID 224762
13	常规模型 : 主桥基础承台 : 主桥基础承台 : ID 224493	结构柱 : 墩柱-0#,15# : 1500mm : ID 224767
14	常规模型 : 主桥基础承台 : 主桥基础承台 : ID 224493	结构柱 : 墩柱-0#,15# : 1500mm : ID 224772
15	常规模型 : 主桥基础承台 : 主桥基础承台 : ID 224493	结构柱 : 墩柱-0#,15# : 1500mm : ID 224777
16	常规模型 : 主桥基础承台 : 主桥基础承台 : ID 224493	结构柱 : 墩柱-0#,15# : 1500mm : ID 224782
17	常规模型 : 主桥基础承台 : 主桥基础承台 : ID 224493	结构柱 : 墩柱-0#,15# : 1500mm : ID 224787
18	常规模型 : 主桥基础承台 : 主桥基础承台 : ID 224493	结构柱 : 墩柱-0#,15# : 1500mm : ID 224792
19	常规模型 : 主桥基础承台 : 主桥基础承台 : ID 224493	结构柱 : 墩柱-0#,15# : 1500mm : ID 224797
20	常规模型 : 主桥基础承台 : 主桥基础承台 : ID 224493	结构柱 : 墩柱-0#,15# : 1500mm : ID 224802
21	常规模型 : 主桥基础承台 : 主桥基础承台 : ID 224493	结构柱 : 墩柱-0#,15# : 1500mm : ID 224807
22	常规模型 : 主桥基础承台 : 主桥基础承台 : ID 224493	结构柱 : 墩柱-0#,15# : 1500mm : ID 224812
23	常规模型 : 主桥基础承台 : 主桥基础承台 : ID 224493	结构柱 : 墩柱-0#,15# : 1500mm : ID 224817
24	常规模型 : 主桥基础承台 : 主桥基础承台 : ID 224493	结构柱 : 墩柱-0#,15# : 1500mm : ID 224822
25	常规模型 : 主桥基础承台 : 主桥基础承台 : ID 224493	结构柱 : 墩柱-0#,15# : 1500mm : ID 224827
26	常规模型 : 主桥基础承台 : 主桥基础承台 : ID 236444	结构柱 : 墩柱-0#,15# : 1500mm : ID 236516
27	常规模型 : 主桥基础承台 : 主桥基础承台 : ID 236444	结构柱 : 墩柱-0#,15# : 1500mm : ID 236518

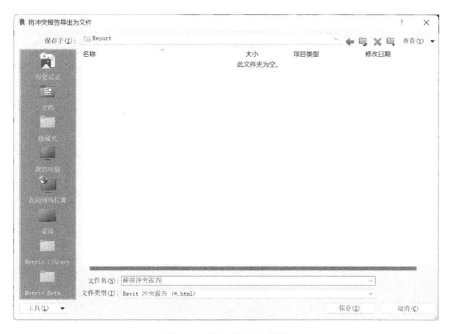

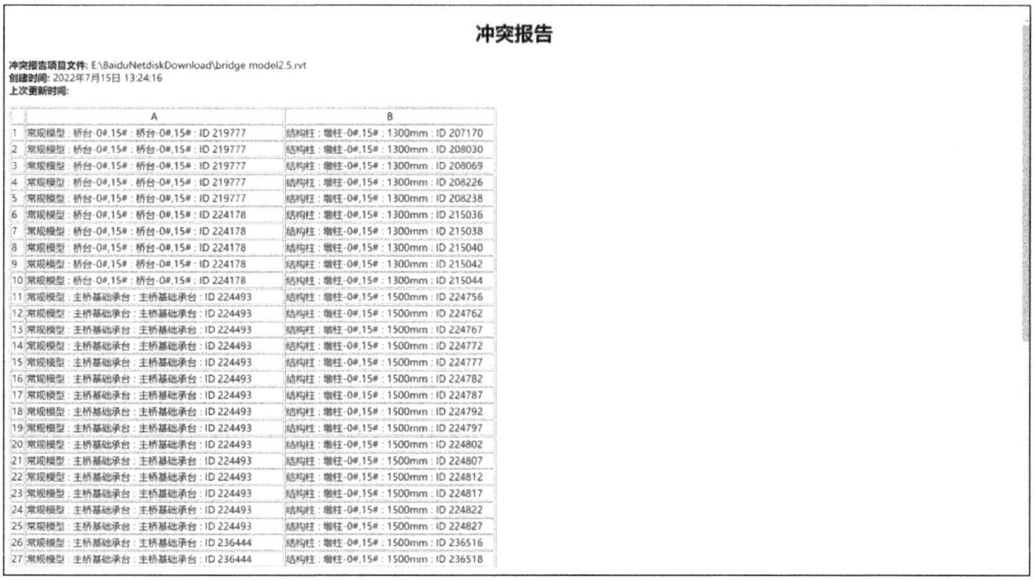

图 8-23 冲突报告(.html 格式)

8.3.3 基于 Navisworks 的碰撞检查

针对单一专业,可以利用 Revit 软件自带的碰撞检查功能进行检查,但是这种检查比较单一,而且只能检查本专业内的碰撞,无法检查复杂情况下的碰撞。对于专业间的碰撞检查可以应用 Navisworks,首先将各专业的模型都导入 Navisworks,然后就可以应用 Navisworks 自带的碰撞检查功能进行检查,再回到相应 Revit 模型中对检查出来的问题进行修正。

(1)打开 Navisworks Manage,导入 Revit 项目文件,如图 8-24 和图 8-25 所示。

图 8-24 导入选项

图 8-25 导入项目文件

(2)在【常用】选项卡中,点击【工具】下的【Clash Detective】,再点击【添加检测】按钮,如图 8-26 所示。

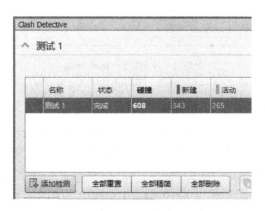

图 8-26 添加检测

（3）使用【Clash Detective】可在固定窗口设置碰撞检查的规则和选择、查看结果、对结果进行排序以及生成碰撞冲突报告，如图8-27所示。

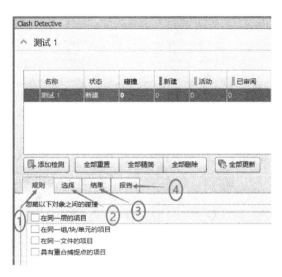

图8-27 【Clash Detective】对话框

①【规则】选项卡用于定义和自定义应用于碰撞检查的忽略规则。该选项卡列出了当前可用的所有规则。这些规则可用于【Clash Detective】在碰撞检查期间忽略的某个模型几何图形。可以编辑每个默认规则，并可以根据需要添加新规则。

②通过【选择】选项卡，可以选择项目碰撞检查内容而不是针对整个模型本身进行检查来定义碰撞检查，如图8-28所示，在【测试】面板中选定【选择】选项卡，设置碰撞配置参数。

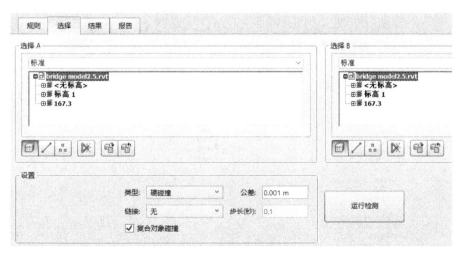

图8-28 【选择】选项卡

③在运行检测结束后，通过【结果】选项卡（图8-29），能够以交互方式查看已找到的碰撞。它包含碰撞列表和一些用于管理碰撞的控件（图8-30）。

④通过【报告】选项卡，可以设置和写入选定测试中找到的包含所有碰撞结果的详细信息的报告（图8-31）。

图 8-29 【结果】选项卡

图 8-30 管理碰撞的控件

图 8-31 【报告】选项卡

(4)导出碰撞冲突报告。

点击【写报告】按钮,软件会弹出【另存为】对话框,可生成.html格式的碰撞冲突报告(图8-32)。

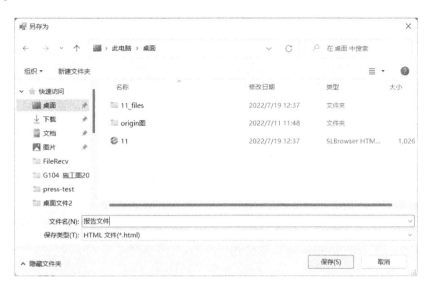

图8-32 【另存为】对话框

我们主要用.html格式的报告,因为其他格式只能报告碰撞的位置,而不能导出碰撞位置的截图等内容,不够直观。

(5)查看碰撞冲突报告。

可以使用IE等浏览器打开文档查看冲突的具体信息,如图8-33所示。

AUTODESK NAVISWORKS 碰撞报告

测试 1	公差	碰撞	新建	活动的	已审阅	已核准	已解决	类型	状态
	0.001m	285	285	0	0	0	0	硬碰撞	确定

							项目 1				项目 2			
图像	碰撞名称	状态	距离	说明	找到日期	碰撞点	项目 ID	图层	项目 名称	项目 类型	项目 ID	图层	项目 名称	项目 类型
	碰撞1	新建	-0.408	硬碰撞	2023/6/16 07:02	x:-112.439、y:113.447、z:9.442	元素 ID: 375339	标高 1	匝道桥墩I	结构柱: 匝道桥墩I: QD C11	元素 ID: 381903	标高 1	盖梁	结构框架: 盖梁: 盖梁
	碰撞2	新建	-0.395	硬碰撞	2023/6/16 07:02	x:-19.572、y:79.664、z:9.478	元素 ID: 409293	标高 1	匝道桥墩I	结构柱: 匝道桥墩I: QD B1	元素 ID: 409295	标高 2	盖梁	结构框架: 盖梁: 盖梁
	碰撞3	新建	-0.244	硬碰撞	2023/6/16 07:02	x:133.173、y:-24.077、z:8.120	元素 ID: 375465	标高 1	匝道桥墩I	结构柱: 匝道桥墩I: QD E8	元素 ID: 383816	标高 1	盖梁	结构框架: 盖梁: 盖梁
	碰撞4	新建	-0.223	硬碰撞	2023/6/16 07:02	x:-57.941、y:165.633、z:12.353	元素 ID: 407596	标高 2	盖梁	结构框架: 盖梁: 盖梁	元素 ID: 407566	标高 2	匝道桥墩I	结构柱: 匝道桥墩I: QD B6
	碰撞5	新建	-0.203	硬碰撞	2023/6/16 07:02	x:-78.689、y:200.887、z:6.191	元素 ID: 375276	标高 1	匝道桥墩I	结构柱: 匝道桥墩I: QD C4	元素 ID: 381766	标高 1	盖梁	结构框架: 盖梁: 盖梁

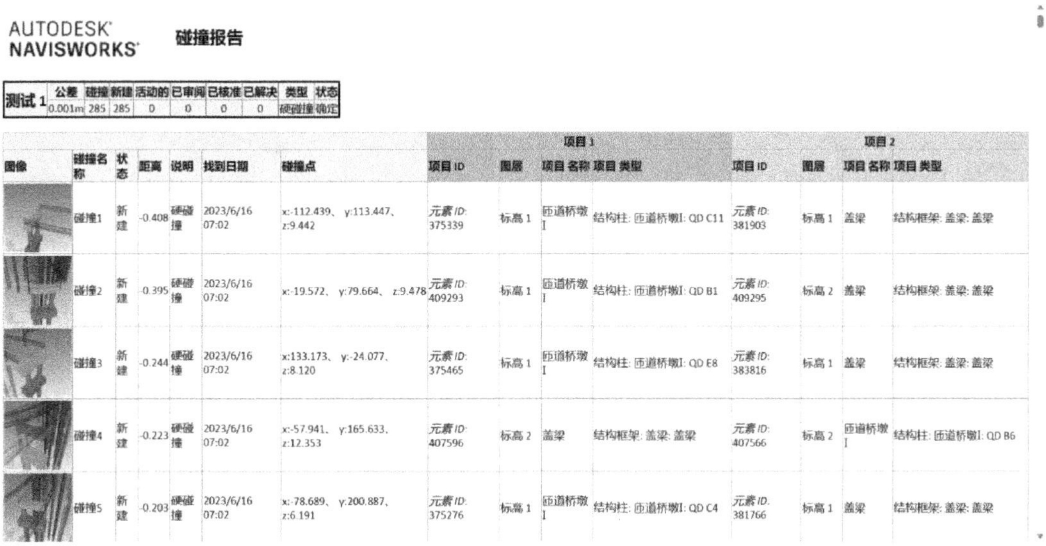

图8-33 碰撞冲突报告(.html格式)

碰撞检查的处理时间与所选图元的类别和数量直接相关。为提高效率,一般不建议对大型模型的所有图元进行检查,可采取分部分阶段进行检查的方式。

【本章节配有视频教学数字资源,资源编号为 S-26,请扫描封面二维码查看】

思考题

8-1　Revit 软件还具备哪些应用功能?

8-2　使用 Navisworks 软件进行碰撞检查相较使用 Revit 软件进行碰撞检查有什么优势?

操作题

选择第 5~7 章中任一模型,尝试统计其工程量,并进行碰撞检查。

第 9 章
Lumion 软件制作漫游动画

Lumion 软件是一个可视化软件,本章对 Lumion 软件的功能、操作做详细的介绍,并结合案例做直观的讲解,方便读者理解和掌握。

9.1 Lumion 软件介绍

9.1.1 简介

Lumion 软件是 Act-3D 公司研发的一个实时的 3D 可视化工具,用来制作电影和静帧作品,涉及的领域包括建筑、规划和设计。它能够很好地兼容 BIM 类软件,可以支持多种格式的模型导入,还可以进行实时渲染,为设计环节节省了大量的时间。

9.1.2 功能及特性

Lumion 软件可实现多种功能,支持多领域设计协作,具体功能及特性包括以下几点:

(1)实时渲染。Lumion 渲染和创建场景只需几分钟,可以快速对项目场景进行预览与更改,并且可以在 Revit 中对保存的.rvt 项目文件进行实时预览。

(2)兼容性强。Lumion 支持多种格式的文件,如.skp、.dae、.fbx、.mcx、.3ds、.obj 等格式文件。

（3）修改便捷。可以对导入的模型快速地更改材质，对场地进行快速模拟，并且可以导入实际地形。

（4）动画模拟。支持自由创建动画路径，自带种类丰富的人物、车辆、建筑等素材库，可以对场景进行自由更改，同时渲染支持多种自带特效，并且可以更改其中参数满足特定要求。

9.1.3 素材库

Lumion 素材库，即大量加载到 Lumion 中的构件集成的数据库。根据加载种类划分在不同的文件夹中，在项目中使用的时候可以根据相关的标签找到，并且可以随时将新的模型加载到数据库中，方便以后使用，最后形成一套用户自己的数据库，提高工作效率。

9.2 操作介绍

9.2.1 Lumion 操作界面介绍

本节以 Lumion10 版本为示范，打开后全局操作界面如图 9-1 所示。

图 9-1 全局操作界面

顶部为图层界面：在项目比较庞大的情况下，可以对项目构件进行分层绘制，在绘制完一层图层时，可以暂时将其关闭隐藏，这样既可以对项目进行分类更改，也可以降低 GPU 占用率，使运行更加流畅。

左下角为功能界面：Lumion 中的修改功能皆由此实现，是 Lumion 的核心。

第一个标签为放置标签，界面如图 9-2 所示。其中按顺序为导入的模型、自然、精细细节自然、人和动物、室内、室外、交通工具、灯光、特效、声音、设备/工具、全选。

图 9-3 为放置相关操作界面，操作标签按顺序为放置、选择、旋转、缩放、删除。

图9-2 放置标签界面　　　　　　　图9-3 放置相关操作界面

第二个标签为材质标签。选择之后可以对模型的材质进行更改。

第三个标签为景观标签,界面如图9-4所示。分别为高度、水、海洋、描绘、地图、景观草。点击左侧图标后右侧将显示对应的更改选项。

图9-4 景观标签界面

第四个标签为天气标签,界面如图9-5所示。可以对天气、太阳亮度、太阳方位、云量进行调整。

图9-5 天气标签界面

右下角为对整体图层的操作界面:可以选择拍照、录像、全景、保存操作。

9.2.2 Lumion 具体操作介绍

(1)项目建立。

打开 Lumion 可以看到如图9-6所示界面,点击【新的】新建一个项目。在图9-7所示界面中选择一个场景模型,开启一个新的项目。

(2)模型加载。

首先在左下角选择导入新模型,如图9-8所示,将自己要渲染的模型导入项目中。

然后将建好的模型加载到项目中,并放置到需要的位置。

在构件内部加入家具等构件,可以使用 Lumion 中自带的构件,也可以自己加载模型进去。

布置完内部构件之后,对模型的材质进行替换(可选,如果需要使用模型自身材质可跳过)。

最后点击拍照图标可以对材质进行出图,加入各种特效使图片效果达到比较满意的程度,拍照模式界面如图9-9所示。制作漫游动画,调整视野角度到预期画面处,进行拍照设置,完成相机关键帧的设置。Lumion 自动生成漫游动画,可以调整动画时长和控制动画速度。同样地,也可以加入各种特效进行渲染,比如行车路径等。最后选择想要的画质进行渲染。

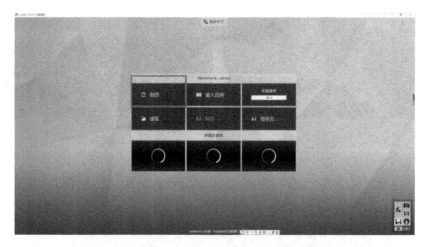

图 9-6 启动项目界面

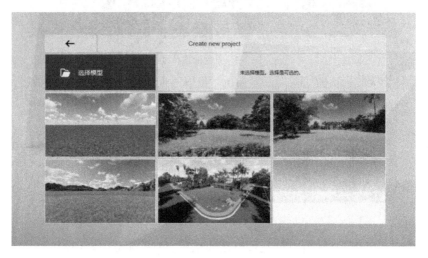

图 9-7 场景模型库

图 9-8 模型导入界面

图 9-9　拍照模式界面

9.3　案例介绍

9.3.1　主体结构模型放置

使用 Lumion 进行桥梁的渲染首先要导入桥梁主体结构模型,其中就涉及 FBX 文件的导入及导出。FBX(.fbx)文件是 Autodesk 的一种三维文件格式,其作用是将三维信息进行轻量化处理。Revit 软件无须安装任何插件即可导出 FBX 文件。Lumion 导入 FBX 文件后即可生成主体结构模型并进行放置。

主体结构模型放置的具体操作:

(1)打开 Revit,在项目浏览器中切换视图为【三维视图】,FBX 文件只可以在三维视图下将可见图层内容导出。

(2)点击【文件】选项卡,选择【导出】中的【FBX】,即可以导出主体结构模型的 FBX 文件,具体操作如图 9-10 所示。

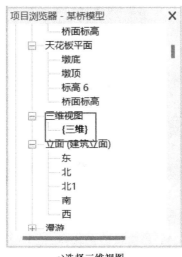

a)选择三维视图　　　　　　　　　　b)选择FBX

图 9-10　FBX 文件导出操作

(3)打开 Lumion,点击【新的】,启动新的项目文件进入场景模板的选择;对此应根据具体的需求选择合适的场景模板,提高渲染的效率;由于本案例所渲染桥梁所在地四面环山,选取【MountainStone】场景模板较为高效。

(4)在功能界面中点击【IMPORT】,导入 FBX 文件,在跳出的导入模型页面可修改模型名称等参数,点击【√】,模型导入操作如图 9-11 所示。

a)在功能界面中点击【IMPORT】　　b)导入FBX文件

图 9-11　模型导入操作

(5)FBX 文件导入完成后,主体结构模型生成且按要求进行放置,若不马上放置可按 Esc 键取消放置;之后要放置模型时点击功能界面中【导入模型】,选择所要放置的模型,具体模型放置操作如图 9-12 所示。由于桥梁项目一般体量都比较大,使用 Shift + Tab + 方向键能够快速移动视野角度找到合适的位置放置主体结构模型;Lumion 的自由地形更改只能识别 10km 以内的,在 10~20km 之间只能做到粗略的地形更改,所以尽量将模型放置在 Lumion 中心坐标处。

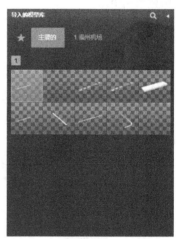

a)导入模型　　b)选择模型库

图 9-12　模型放置操作

(6)在【导入模型】功能界面可以实现模型的旋转、位置调整等操作;其中位置调整可点击【向上移动】或【水平移动】,然后点击目标模型中心圆点(图 9-13)通过拖拉方式进行手动调整。本案例中采用的位置调整方式为坐标输入法,点击【键入】即可手动输入模型 X、Y、Z 坐标数值快速完成位置放置,将视野角度调整到偏离目标模型较远的侧面能够清晰地看到桥梁与路面的接触情况,通过逐次修改 Z 坐标数值直到桥梁上部结构底部与路面贴合。位置调整按键位置如图 9-14 所示。

图 9-13　目标模型中心圆点

图 9-14　位置调整按键位置

9.3.2　模型材质渲染

Lumion 可以实现对模型材质的替换,也可以直接使用 Revit 中定义的材质,但是 Lumion 材质库中的材质效果更好。对于某些特殊材质,可以使用自制贴图,也可以替换材质库中的材质图,实现对材质属性的更改。自制贴图可以保存到一起方便建立用户自己的材质库。对于模型来说,需要更换的不同材质在建模阶段一定要注意分开建立,这样才能识别到想更换的材质。

模型材质渲染的具体操作:

在功能界面点击【材质】,如图 9-15 所示,即可进入材质编辑器。

　　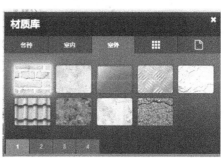

a)选择材料编辑器　　　　　　　　　　　　b)材质库

图 9-15　进入材质编辑器

(1)使用 Shift + Tab + 方向键快速移动视野角度,选择偏离目标模型较远的视角方便模型构件的选取;点击模型中【钢箱】(本案例某构件名称)进入材质库,如图 9-16 所示;选择【室外】→【沥青】→【Asphalt 006B 1024】;调整视野角度靠近目标构件以便于材质参数的调整,右键双击目标构件即可快速靠近目标构件；本案例中，调整【光泽】至 0.7，调整【地图比例尺-自定义】至 13.1，如图 9-17 所示；用户可根据个人审美综合调整各个参数（同下文其他材质参数调整）；由于主体结构模型中路面采用分段建模，因此不同分段路面需要分开进行材质渲染；又由于各分段路面所用材质相同，可以通过点击【将材料保存为自定义材料】，输入"沥青"完成材质命名，即可在其他构件材质渲染时使用该材质，具体操作如图 9-18 所示；点击右下角【√】完成钢箱的材质渲染。

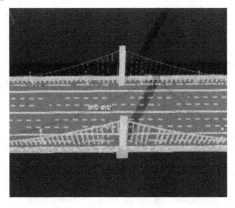

图 9-16 构件选取

图 9-17 沥青材质选择　　　　图 9-18 自定义材料保存

（2）点击模型中【钢箱】（本案例某一构件名称）进入材质库，点击【自定义材料】，选择材质【沥青】，点击右下角【√】完成钢箱的材质渲染，其他路面段同此操作，调出自定义材料操作如图 9-19 所示；为提高材质渲染效率，建模时路面段尽量一次完成拉伸或者采用同一族复制拼装成整段，在材质渲染时即可一次完成渲染。

（3）点击模型中主塔结构进入材质库，选择【室外】→【混凝土】→【Concrete 001 1024】，调整视野角度靠近目标构件以便于材质参数的调整，右键双击目标构件即可快速靠近目标构件；本案例中，滑动【着色】即会跳出调色盘界面，选择青绿色，在调色盘右侧调整亮度至最亮，此时【着色】调整到 1.0 时就会显示亮青绿色，也可通过调整【着色】的数值选择介于原始色到亮青绿色之间的颜色，材质颜色调整操作如图 9-20 所示。

（4）人行道区域、挡块区域、护栏区域等其余构件依次完成以上相同操作，所选择的材质及其参数可根据个人审美进行调整。

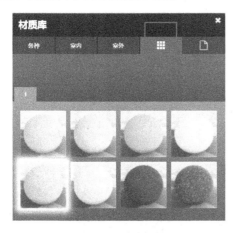

图9-19　调出自定义材料

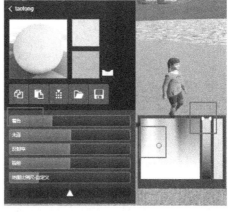

图9-20　材质颜色调整

9.3.3　环境渲染

环境渲染包括景观渲染和构件物渲染，景观渲染涉及地形高度、海洋、景观纹理描绘等方面的调整，构件物渲染涉及人和动物、室外、室内、交通工具等构件物的放置。如果我们有项目周边的地形数据，可以将地形数据模型直接导入 Lumion 中生成地形，如果没有，就要自己根据地形图手动布置周围场地，并对场地上的构件进行放置。环境渲染留给 Lumion 用户很大的发挥空间，可根据个人的审美进行设计，环境自然真实即可。

（1）海洋渲染。

①在进行海洋渲染之前，需要对地形进行改造。本案例中，桥梁位于江海之上，点击【景观】→【高度】→【降低高度】，按键位置如图9-21所示。

②由于海域面积大，需要大范围降低地面高度，此时，渲染效果无精度要求，但需注意降低地面高度的深浅对最终海洋渲染的颜色有影响。调整【画笔大小】至5.0，调整【画笔速度】至5.0，画笔参数设置及降低高度效果分别如图9-22和图9-23所示。

图9-21　降低高度

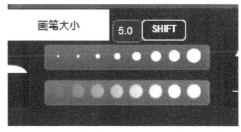

图9-22　画笔参数设置（一）

③在功能界面中点击【景观】→【海洋】→【海洋开/关】，即出现海洋画面和相关参数修改界面，按键位置及海洋效果分别如图9-24和图9-25所示。

④将【高度】调整至-18.8使桥墩能浸入水中，通过【颜色】的调整获得贴近所需海面颜色效果，提高【波浪强度】至0.5，使海面更具动感，具体参数设置如图9-26所示。

图9-23 降低高度效果

图9-24 启动海洋渲染

图9-25 海洋渲染效果

图9-26 海洋参数设置

(2) 山体渲染。

本案例中,桥梁四面环山,点击【景观】→【高度】→【提升高度】,按键位置如图9-27所示。

图9-27 提升高度

①渲染山体可先粗建再进行细修;粗建时调整【画笔大小】至4.0,调整【画笔速度】至3.0,在想要放置山体的区域长按鼠标左键并拖曳,画笔参数设置和山体粗建效果分别如图9-28和图9-29所示。

②此时山体整体被抬高,可调整较小【画笔大小】和【画笔速度】完成局部地形抬高,配合【起伏】、【平滑】功能(山体细修操作界面如图9-30所示)增强山体的真实感,完成山体的细修,山体细修效果如图9-31所示。

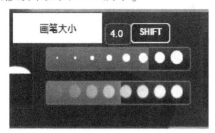

图9-28 画笔参数设置(二)

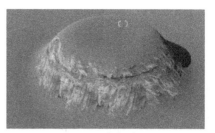

图9-29 山体粗建效果

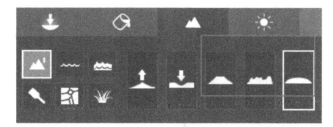

图9-30 山体细修操作界面

图9-31 山体细修效果

(3)纹理渲染。

在两岸有局部沙地,可通过【描绘】功能完成绘制。一个渲染文件最多可绘制四种不同的景观纹理,左边第一个景观纹理为初始纹理,全部区域默认以初始纹理绘制。每一种景观纹理都可点击【编辑类型】进行景观类型的修改,已渲染的区域会将相应区域自动变换成修改后的纹理。在功能界面中点击【景观】→【描绘】→【泰国岩石地】,描绘操作如图9-32所示。

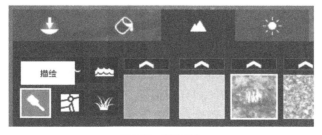

图9-32 描绘操作

①在本案例中,点击左边第二个景观纹理的【编辑类型】,出现景观纹理库,选择【欧洲沙地】,按键位置及纹理库分别如图9-33和图9-34所示。

图9-33 编辑类型　　　　　　　　　　　图9-34 纹理库

②调整【画笔大小】至3.0,调整【画笔速度】至3.0,在想要绘制沙地的区域长按鼠标左键并拖曳,画笔参数设置和纹理渲染效果分别如图9-35和图9-36所示。

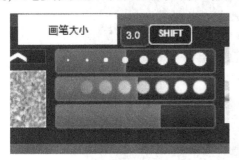

图9-35 画笔参数设置(三)　　　　　　　图9-36 纹理渲染效果

(4)物体放置。

①在功能界面中点击【物体】,双击【自然】即可显示操作界面和自然库,自然物体放置界面如图9-37所示。

图9-37 自然物体放置界面

②点击【树丛】、【岩石】、【阔叶】等类型选择想要的构件放置到合适位置;在本案例中,沿道路两侧等间距种植树木,在自然库中点击【阔叶】→【Acacia 2RT】。

③在操作界面点击【人群安置】,如图9-37所示。

④点击所要种植树木的区域的端部和尾部,跳出人群放置参数设置界面(图9-38),可修改【项目数】调整树木疏密程度,点击【√】完成渲染。

⑤在功能界面点击【人和动物】,选择人物放置到人行道上,点击【绕Y轴旋转】将人物运动的方向调到正确的位置。

图 9-38　人群放置参数设置界面

⑥在功能界面点击【交通工具】,选择小轿车放置到行车道上,点击【绕 Y 轴旋转】,如图 9-39 所示,将小轿车运动的方向调到正确的位置。

⑦点击小轿车模型可调出颜色盘进行车身颜色的调整,界面如图 9-40 所示。

图 9-39　交通工具旋转操作　　　　　图 9-40　车身颜色修改界面

⑧Lumion 提供多种多样的物体库,用户可根据个人审美和需求完成渲染,此处不展开叙述本案例其余物体的渲染情况。

9.3.4　动画制作

Lumion 可以实现不同角度照片和不同路径动画的输出。动画制作时需要多次调整相机位置,添加多个相机关键帧,Lumion 会自动根据路径点生成漫游动画;照片和动画都可以通过添加特效使内容更丰富,可以使用固定的场景特效,也可以按照自己的需求和审美调整,最后选择所需画质要求进行渲染并输出成品。

动画制作的具体操作:

(1)在编辑模式下将视野镜头调整到要设置为第一相机关键帧的位置,按下 Ctrl + 数字键 1;将视野镜头调整到要设置为第二相机关键帧的位置,按下 Ctrl + 数字键 2;依次操作完成所有相机关键帧的设置。

(2)在右下角点击【动画模式】,选择【录制】,具体操作如图 9-41 所示。

(3)在编辑模式下保存的所有视野镜头可在动画模式依次按下 Shift + 数字键 1 ~ 9 调出,

a)动画模式　　　　b)录制

图 9-41　动画录制操作

调出后分别点击【添加相机关键帧】,完成所有相机关键帧的设计;若要更改相机关键帧,可在动画模式下直接移动视野镜头,完成后点击【更新相机关键帧】,具体操作如图 9-42 所示。

a)添加相机关键帧　　　　　　　　b)更新相机关键帧

图 9-42　添加及更新相机关键帧

(4)关键帧选择完毕之后,点击【编辑剪辑长度】修改为适中的时间长度;点击右下角【保存剪辑并返回电影模式】完成动画的保存。

(5)如图 9-43 ~ 图 9-45 所示,选择【自定义风格】,点击【特效】,点击【天空】选项卡,选取【真实天空】,调整【绕 Y 轴旋转】到 49.1°时,主体结构模型光线较好,调整【亮度】到 1.3,调整【总体亮度】到 1.3,用户可根据个人审美综合调整各个参数(同下文其他材质参数调整)。

 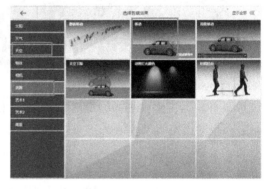

图 9-43　自定义风格　　　　　　　　图 9-44　特效选项卡

图 9-45　真实天空参数设置

(6)点击【物体】选项卡,选取【移动】,点击【编辑】,开始进行人和小轿车的移动动画设计;点击左侧【初始位置】,移动人和小轿车的位置至移动初始位置处;点击右侧【结束位置】,移动人和小轿车的位置至移动结束位置处;移动设计结束后点击右下角【√】;移动操作界面如图9-46所示。

图9-46 移动操作界面

(7)点击【渲染片段】即可导出渲染动画。

【本章节配有视频教学数字资源,资源编号为S-27,请扫描封面二维码查看】

思考题

9-1 Lumion如何实现常用材质快速渲染?
9-2 Lumion软件包括哪些环境渲染的内容?
9-3 Lumion在进行山体渲染时如何合理调整画笔大小和画笔速度?
9-4 Lumion动画渲染时如何实现交通工具动态行驶效果?

操作题

采用Lumion软件任意选取第5~7章中Revit创建的模型进行渲染,完成效果动画及静态图的设计及输出。

第 10 章
3D Studio Max 软件制作桥梁施工动画

本章介绍 BIM 技术可视化应用中的工艺模拟。以通用的动画制作软件 3D Studio Max 为例讲述桥梁施工动画的制作过程,使读者能够掌握 BIM 技术中的三维可视化动画制作过程。

10.1　3D Studio Max 软件简介

3D Studio Max,常简称为 3D Max 或 3ds Max,是 Discreet 公司(后被 Autodesk 公司合并)开发的基于 PC 系统的 3D 建模渲染和制作软件。

10.1.1　启动中文版 3ds Max

3ds Max 在 2014 版本之后支持多国语言。3ds Max 安装完之后默认是英文版的。如图 10-1 所示,点开桌面的开始菜单,找到 Autodesk 文件夹并展开,可见多国语言的启动图标,我们选择 3ds Max 2016-Simplified Chinese 就可以启动中文版的 3ds Max。

当我们以其中的某种语言版本启动一次,下次启动就会默认该语言版本。如:我们以中文版启动,下次直接点桌面的快捷键,就会以中文版启动。

第10章 3D Studio Max软件制作桥梁施工动画

图 10-1　3ds Max 多国语言版本

10.1.2　界面介绍

3ds Max 软件界面如图 10-2 所示。下面就界面中各键功能做介绍。

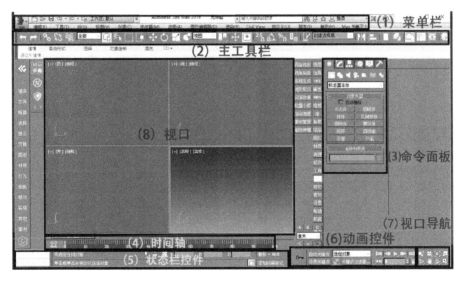

图 10-2　软件界面

（1）菜单栏：为软件的大部分功能提供操作入口。

①【文件】菜单：在 2014 版本以后文件菜单就换成了 ![icon]，主要功能有新建、打开、保存、导出、导入等，如图 10-3 所示。

②【编辑】菜单：可以对文件进行编辑，如撤销、重做、删除、克隆、移动、旋转、缩放等，如图 10-4 所示。

③【工具】菜单：主要功能有镜像、阵列、对齐、预览-抓取视口等，如图 10-5 所示。

225

图10-3 【文件】菜单   图10-4 【编辑】菜单   图10-5 【工具】菜单

④【组】菜单:这个菜单使用率非常高,可以对多个物体进行打组、解组、打开组、关闭组、附加组、分离组等操作,如图10-6所示。

⑤【视图】菜单:控制视图显示方式及相关参数。

⑥【创建】菜单:创建模型、灯光、粒子等对象,但一般情况下我们都在创建面板中创建物体,如图10-7所示。

a)创建下拉列表　　　　b)创建面板

图10-6 【组】菜单　　图10-7 【创建】菜单和创建面板

⑦【修改器】菜单:为对象添加修改器,如 UV 相关功能、FFD(切片)、挤出等,不过一般情况下我们都在修改面板中操作,如图10-8所示。

⑧【图形编辑器】菜单:图形可视化功能的集合。

⑨【渲染】菜单:渲染相关功能。
⑩【Civil View】菜单:一款供土木工程师和交通运输基础设施规划人员使用的可视化工具。
⑪【自定义】菜单:更改用户设置或系统设置,经常用到单位设置、自定义读者界面、首选项等。
⑫【脚本】菜单:编写插件相关功能。

a)修改器下拉列表

b)修改面板

图 10-8 【修改器】菜单和修改面板

(2)主工具栏。

我们从左到右依次介绍:

①撤销(返回上一步操作)和重置(恢复下一步操作)工具,图标为 ▭▭ 。

②链接工具(链接为父子关系,子对象会跟随父对象移动)、断开链接、链接到空间扭曲(粒子与扭曲空间使用),图标为 ▭▭▭ 。

③过滤器(选择一种过滤对象时,在视图中只能选择该类别对象,如:过滤器选摄影机,那么在视图窗口中我们只能选择摄影机,无法选中其他对象)、选择对象、按名称选择(弹出【场景选择】对话框,此对话框可按名称选择对象)、选择区域(包含五种模型——矩形选择区域、圆形选择区域、围栏选择区域、套索选择区域、绘制选择区域)、窗口/交叉(比较少用),如图 10-9 所示。

④选择并移动工具(有 X、Y、Z 三个轴,光标停留在哪个轴上,哪个轴就会高亮,按住鼠标左键就可以在该轴移动)、选择并旋转工具(同理)、选择并缩放工具(同理)、选择并放置(没有轴限制,可以任意移动)、参考坐标系(根据不同的"移动""旋转""缩放"的需求,选择不同的坐标

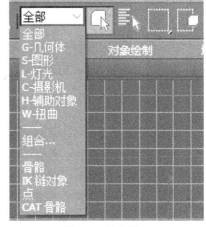
图 10-9 过滤器

系统)、轴点中心(下拉选项有三个:使用选择中心、使用变换坐标中心、设置模型的轴点中心位置)、选择并操纵、键盘快捷键覆盖切换,对应图标为 ▭▭▭▭▭▭▭ ,参考坐标系下拉列表如图 10-10 所示。

⑤捕捉开关(使用率非常高,鼠标单击亮起即处于激活状态,下拉可选"2D 捕捉""2.5D 捕捉""3D 捕捉")、角度捕捉(在用旋转工具时可以开启角度捕捉,如:角度捕捉设置为90°,则

每旋转一下就是90°)、百分比捕捉(缩放时开启百分比捕捉,如:百分比捕捉设置为30%,则每缩放一下就是30%)、微调器捕捉切换(设置3ds Max中所有微调器一次单击式增加值或减少值),对应图标为 ![icon]。设置捕捉的具体参数,可用鼠标右击要设置的工具,如图10-11所示。

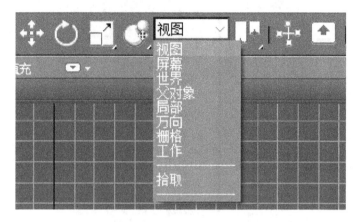

图10-10 参考坐标系下拉列表

a)捕捉

b)选项

图10-11 栅格和捕捉设置

⑥选择集类工具,图标为 ![icon],可选择多个模型形成集合。

⑦镜像(围绕一个轴心镜像出一个或多个副本对象)、对齐(使多个对象按照一定的方式对齐,下拉选项有对齐、快速对齐、法线对齐、放置高光、对齐摄影机、对齐到视图),对应图标为 ![icon],这两个工具使用率也很高。

⑧切换场景资源管理器(包含查看、排序、过滤、选择对象等)、切换层资源管理器(很多软件都有"层"这个概念,把场景对象分层级,对同层级对象统一管理)、切换功能区(显示/关闭多边形建模工具)、曲线编辑器(弹出【轨迹视图-曲线编辑器】对话框)、图解视图(用节点表现方式),对应图标为 ![icon]。

⑨材质编辑器、渲染设置、渲染帧窗口、渲染产品为渲染相关功能,本章不展开介绍,对应图标为 ![icon]。

(3)命令面板。

在命令面板中可以找到3ds Max里的大多数功能,它有六个面板,如图10-12所示,依次为创建、修改、层次、运动、显示、实用程序,下面进行逐一介绍。

①创建面板:可创建"几何体""图形""灯光""摄影机""辅助对象""空间扭曲""系统"七类对象,如图10-13所示。

图10-12 命令面板功能

图10-13 创建面板

几何体:包含标准基本体(如长方体、球体等)、扩展基本体、复合对象、粒子系统等,如图10-14所示。图形:包含样条线、NURBS曲线、扩展样条线(一般情况有样条线就够用了,常用的有线、矩形、圆等)。灯光:创建灯光(渲染时用)。摄影机:创建场景相机。辅助对象:创建辅助对象。空间扭曲:模拟各种力场,常跟粒子系统搭配使用。系统:创建系统工具,如骨骼等。

②修改面板:修改选中对象的参数,还可以添加修改器,如图10-15所示。

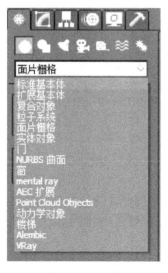

图10-14 几何体

图10-15 修改面板

③层次面板:轴、链接信息。
④运动面板:对象的运动属性。
⑤显示面板:设置场景中对象的显示。

⑥实用程序面板:实用程序集。
(4)时间轴,如图10-16所示。

图10-16 时间轴

①时间线滑块:可以在轨道栏上左右滑动,当前帧显示的就是当前时间线滑块的位置。
②轨道栏:显示时间线的帧数及添加关键点的位置。
③打开迷你曲线编辑器:打开一个迷你版曲线编辑器(方便制作动画)。
(5)状态栏控件,如图10-17所示。

a)左端　　　　　　　　　　　　　　b)右端

图10-17 状态栏控件

①迷你侦听器:MAXScript语言的交互编译器(写插件,可扩展功能)。
②状态栏:显示选中几个对象。
③提示行:提示当前的工具如何操作。
④孤立当前选择切换:单独显示选择对象。
⑤选择锁定切换:选择对象被锁定,只能对该对象操作。
⑥绝对模式变换输入:可切换绝对模型和编辑模型及后面的 X、Y、Z 输入框,配合"移动""旋转""缩放"工具使用。
⑦自适应降级:根据当前场景,计算机配置自适应,使操作场景更流畅。
⑧栅格:显示栅格数值。
⑨时间标记:添加标记(配合时间线滑块添加,可以快速定位帧)、编辑标记(修改、删除标记等)。
(6)动画控件,如图10-18所示。

图10-18 动画控件

①设置关键点:在当前帧设置一个关键点。
②自动关键点模式:开启时就开始记录动画,时间轴上方会变红,所有的操作都会自动生成一个关键点。
③设置关键点模式:与"自动关键点模式"类似,区别在于"自动关键点模式"自动记录关键点,而"设置关键点模式"要手动点击"设置关键点"才能生成关键点。
④跳到开头:跳到时间轴的开头。
⑤上一帧:时间线滑块往左移一帧。
⑥播放动画:播放动画。
⑦下一帧:时间线滑块往右移一帧。
⑧跳到结尾:跳到时间轴的结尾。
⑨新建关键点的默认入/出切线:新建关键点,快速设置默认切线类型的方法。

⑩关键点过滤器:可根据物体属性来设置关键点,如图10-19所示。
⑪关键点模型切换:开启该功能,"上一帧""下一帧"会变成"上一关键点""下一关键点"。
⑫当前帧:时间线滑块所在的帧,可手动输入跳到该帧。
⑬时间配置:弹出【时间配置】对话框,可以设置帧速率、是否播放、动画时长等。
(7)视口导航,如图10-20所示。

图10-19 关键点过滤器　　图10-20 视口导航

①缩放:缩放视口。
②缩放所有视口:所有视口一起缩放。
③最大化显示选定对象:可以快速将视口聚焦到选定物体上。
④所有视口最大化显示选定:所有视口聚焦到选定物体上。
⑤视野:在透视图下放大、缩小视野,在其下拉选项中还有个"缩放区域"工具,可以框选一个区域放大。
⑥平移视口:平移视口位置。
⑦环绕子对象:在三维视图下可以用鼠标控制环绕选定物体。
⑧视口最大化切换:最大化当前视口。

默认情况下视口被分为顶视图(快捷键为T)、前视图(快捷键为F)、左视图(快捷键为L)、透视图(快捷键为P)四个区域,以便从多个方位观察,如图10-21所示。

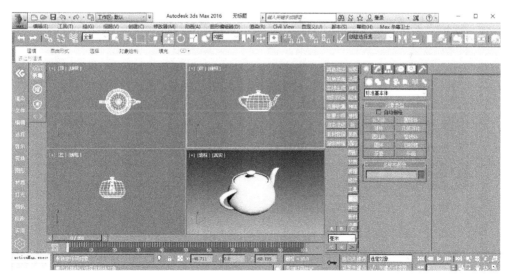

图10-21 多方位三维视口

在平常工作中,我们很少用多方位三维视口,都是用单一视口(视口导航"视口最大化"),如图 10-22 所示。

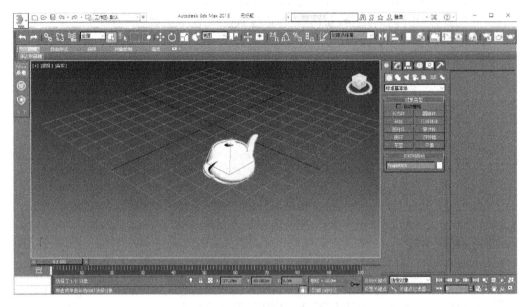

图 10-22 单一视口

视图左上角有三个按钮,都是与视口相关的设置(图 10-23),如:模型显示模式、视口切换等。

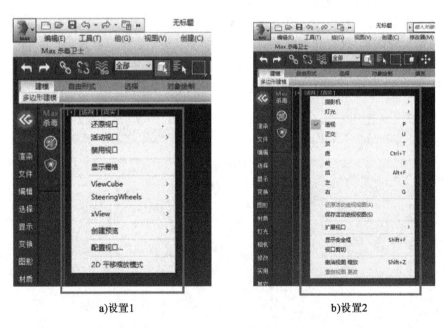

a)设置1　　　　　　　　　　　　　b)设置2

图 10-23 视口相关设置

视图右上角有个导航器(图 10-24)也可以快速切换正交、透视,以及顶视口、底视口、左视口、右视口、前视口、后视口。

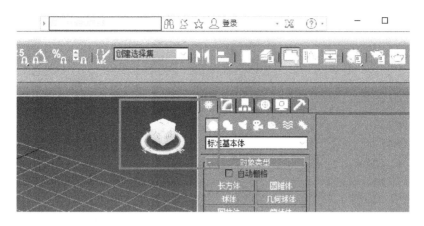

图 10-24　导航器

总结视口的操作:当我们打开软件显示为 4 个视口时,点击【视口最大化切换】并按住鼠标滚轮,可以平移视口,滚动鼠标滚轮可以放大、缩小视野,视口切换可用快捷键(T 为顶视口、F 为前视口、L 为左视口),切换三维视口按 Alt + 鼠标滚轮移动。

10.2　与 Revit 软件交互

10.2.1　Revit 导出模型

(1)打开 Revit 模型,打开【视图】→【三维视图】→【默认三维视图】,在模型的三维视图下导出(注意:隐藏的模型不会被导出),如图 10-25 所示。

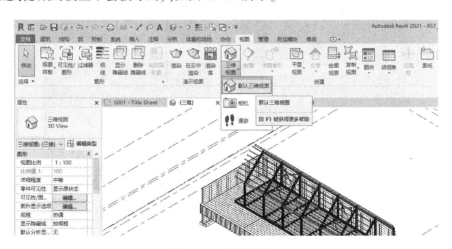

图 10-25　三维视图导出

(2)打开【文件】→【导出】→【FBX】,如图 10-26 所示。

弹出【导出 3ds Max(FBX)】对话框,选择保存位置,点击【保存】,如图 10-27 所示。

图 10-26　导出 FBX 文件

图 10-27　保存设置

10.2.2　在 3ds Max 中导入模型

(1) 导入之前先把单位设置好, 不然导出或导入别的模型时会出现导出或导入后尺寸与原来模型对不上的问题。打开【自定义】→【系统单位设置】, 弹出如图 10-28 所示对话框。

选【显示单位比例】→【公制】中的"米", 接下来点击【系统单位设置】弹出如图 10-29 所示对话框。

选【系统单位比例】中 "1 单位 = 1.0 '毫米'"（因为 Revit 里的模型就是以毫米为单位的）。

这里要说下显示单位比例与系统单位比例的区别: 显示单位比例就是在 3ds Max 里建模时显示的单位比例, 系统单位比例是模型实际的单位比例。

(2) 设置好单位之后就要导入模型了, 点击左上角 MAX 图标, 如图 10-30 所示。

在 MAX 下拉菜单中点击【导入】→【合并】, 如图 10-31 所示。

先在【文件类型】中选择【所有文件(＊.＊)】, 如图 10-32 所示。

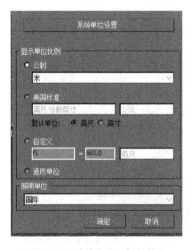

图 10-28　【单位设置】对话框

图 10-29　系统单位设置

这样就能看到所有类型的文件, 找到我们刚在 Revit 中导出的 FBX 模型文件, 点击【打开】, 弹出【FBX 导入】对话框, 由于我们在制作动画时不需要 Revit 里的摄影机和灯光, 所以在此对话框中去掉, 如图 10-33 所示。

图 10-30　点击 MAX 图标

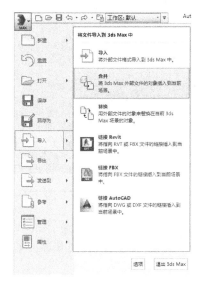

图 10-31　导入、合并

图 10-32　选择文件类型

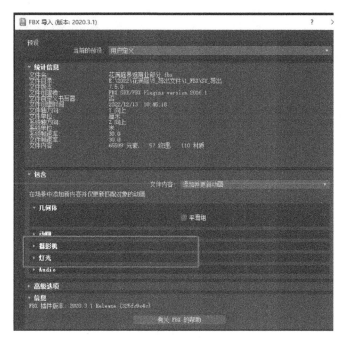

图 10-33　去除摄影机和灯光

导入完成后如图 10-34 所示。

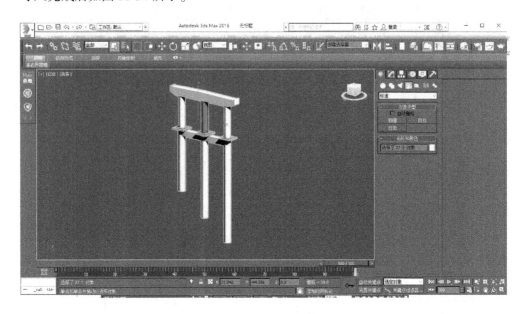

图 10-34　导入完成图示

有时导入完成后找不到模型怎么办？点击主工具栏中的【按名称选择】随便选个模型，点击【视图导航】→【最大化显示选定对象】，这样就能快速定位到模型，如图 10-35 所示。

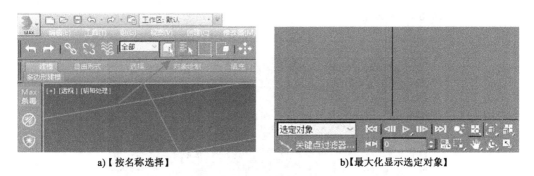

a)【按名称选择】　　　　　　　　　b)【最大化显示选定对象】

图 10-35　快速定位模型

10.3　动 画 制 作

（1）点视口左上方的最后面【真实】改成【明暗处理】，可以减少电脑内存占用，使操作更流畅，如图 10-36 所示。

（2）根据施工顺序对模型分层，如图 10-37 所示，假设施工顺序是：①打桩；②承台；③桥墩柱钢筋；④桥墩柱子模板；⑤桥墩柱；⑥桥墩上半部。

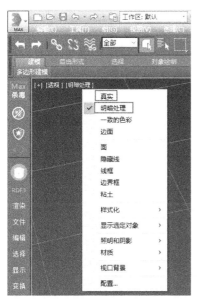
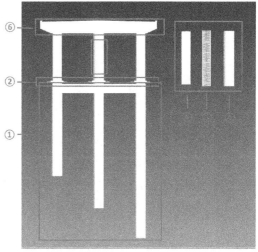

图 10-36　修改模式　　　　　　　　图 10-37　模型分层

现在开始分层,按 F 键切换到前视图选中图 10-37 中①里的模型,点击主工具栏中的【切换层资源管理器】(图 10-38),弹出【层资源管理器】对话框,在对话框中点击【新建层】并命名为"1-打桩"。

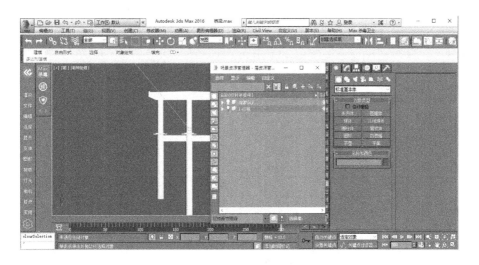

图 10-38　【切换层资源管理器】

按上述同样的操作分别命名"2-承台""3-桥墩柱钢筋""4-桥墩柱子模板""5-桥墩柱""6-桥墩上半部",这样便于管理。当前场景模型不多,当场景模型非常多的时候就体现出分层的重要性(如选不中模型内部或重叠模型,可把外面的隐藏,鼠标右击选择【隐藏选定项】(图 10-39),或者将视口左上角【明暗处理】显示方式改为【线框】显示。

(3)制作动画。在这之前,要理解一些动画概念:众所周知动画基本原理就是将一张张连续图片进行快速连续播放,我们把这一张张图片称为"帧",而播放这些图片的速度称为"帧速率",以秒为单位,人眼所接收的最低速率为 15 帧/秒,少于 15 帧/秒就会出现"卡顿"的现象,反之越高就越流畅。

首先打开【切换层资源管理器】把"1-打桩"之外的层隐藏,并切换到该层级视图,如图 10-40 所示。接下来设置【时间配置】:帧速率设为 25 帧/秒,动画长度先设为 150(后面不够再修改),如图 10-41 所示。

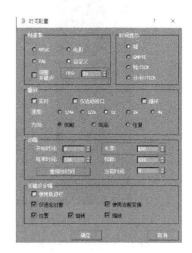

图 10-39　隐藏层级　　　　　图 10-40　层级视图操作　　　　图 10-41　设置【时间配置】

点击【确定】之后,选中物体,开启【切换自动关键点模式】(图 10-42),并将时间线滑块拖到 50 帧的位置,光标悬停在物体上右击【对象属性】,把【对象属性】中的"可见性"数值改为 0。

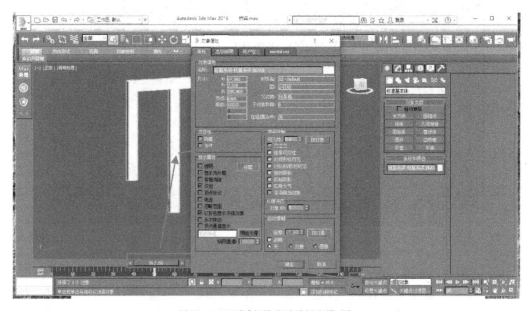

图 10-42　开启【切换自动关键点模式】

再次点击【确定】后,就会生成两个关键点,分别在 0 帧和 50 帧处(我们设置了 25 帧/秒,所以 0～50 有 50 帧,那这个动作就有 2s,快慢动作就是加减帧),点击动画控件中的【播放】,就会看到物体慢慢消失的动画,但我们要的是从无到有的过程,所以我们只要把这两个关键点调换一下位置就行(用鼠标可选中关键点,如果两个关键点重叠在一起将会合在一起,所以先

238

将一个关键点移到旁边),如图 10-43 所示。

图 10-43 调换关键点位置

注意:开启【切换自动关键点模式】就会进行移动物体、旋转物体、缩放物体、修改物体、修改物体属性等操作自动生成关键点,会产生相应的动画,因此不要乱动物体,很多新手都会犯这个错误,除本身需要制作的动画的操作外,若想进行其他操作,需先关闭【切换自动关键点模式】。

接下来制作第二个动画,关闭【切换自动关键点模式】,打开【切换层资源管理器】选择"2-承台",并切换到该层,如图 10-44 所示。如果想做一个"从下生长到上"的动画,则全选该层下的物体,并建组,命名为"承台",如图 10-45、图 10-46 所示。

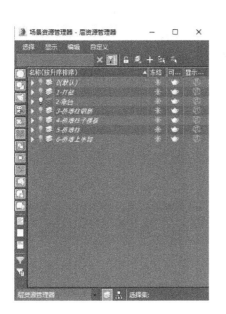 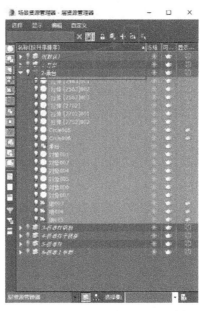

图 10-44 切换至"2-承台" 　　图 10-45 【层资源管理器】界面

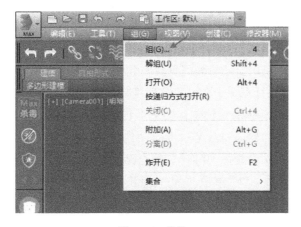

图 10-46 建组

开启【切换自动关键点模式】,设置 1s 显示承台,将时间线滑块移到 25 帧处,右键点击【对象属性】将"可见性"数值改为 0,点击【确定】,生成两个关键点且互换位置,如图 10-47 所示。

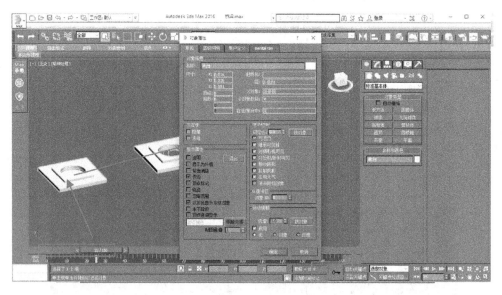

图 10-47　互换关键点位置

选中这两个关键点(可以框选,也可以按 Ctrl + 鼠标左键选中),移到 50 ~ 75 帧处,如图 10-48 所示。

图 10-48　选中关键点

制作第三个动画,操作同前:关闭【切换自动关键点模式】,打开【切换层资源管理器】选择"3-桥墩柱钢筋",并切换到该层。我们想制作一个钢筋从上落下的动画,由于钢筋需要在桩与承台动画结束后才出现,所以需要对它的两个属性进行设置,分别是"可见性"和"位置"。如果我们不想让钢筋慢慢出现,而是想让它瞬间出现,那"可见性"设置一帧就够了。选中物体,开启【切换自动关键点模式】,将时间线滑块移到 1 帧处,右键点击【物体属性】将"可见性"数值改为 0,点击【确定】,把 0 帧处的关键点拉到 2 帧处。下落时间设置为 2s,将时间线滑块移到 50 帧处,点击主工具栏【移动】并按 F 键切换到前视图,沿 Y 轴往上拉,然后将 0 帧处和 50 帧处的关键点互换,并选中所有关键点移到 75 ~ 125 帧处,如图 10-49 所示。

制作第四个动画:关闭【切换自动关键点模式】,打开【切换层资源管理器】选择"4-桥墩柱子模板",并切换到该层。选中物体,开启【切换自动关键点模式】,将时间线滑块移到 1 帧处,右键点击【物体属性】将"可见性"数值改为 0,点击【确定】,把 0 帧处的关键点拉到 2 帧处。下落时间设置为 2s,将时间线滑块移到 50 帧处,点击主工具栏【移动】,在前视图中设置动画,沿 Y 轴往上拉,然后将 0 帧处和 50 帧处的关键点互换,并选中所有关键点移到 125 ~ 175 帧处,发现动画时长不够,在【时间配置】中将动画长度改为 250,如图 10-50 所示。

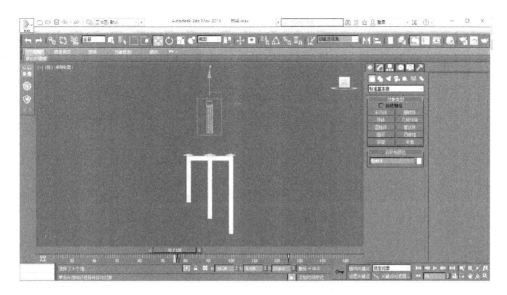

图 10-49　移动关键点(一)

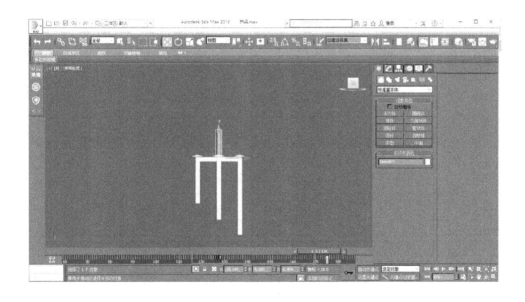

图 10-50　移动关键点(二)

制作第五个动画：关闭【切换自动关键点模式】，打开【切换层资源管理器】选择"5-桥墩柱"，并切换到该层。桥墩柱具体制作中间那根，其他两根直接显示示意。选中中间的桥墩柱(在前视图中不好选中，可以切换到顶视图，也可以在【切换层资源管理器】中选择)，由于中间的桥墩柱被模板包裹住不利于我们观察，所以我们单独显示，在视口中右击【隐藏未选定对象】，然后在修改面板中添加【切片】修改器，如图 10-51 所示。

选择【切片】层级下【切片平面】，可以移动该平面，切换到前视图将【切片平面】移到物体底部，并将切片类型改为"移除顶部"，这个时候发现模型不见了，【切片平面】顶部的模型都会被隐藏，如图 10-52 所示。

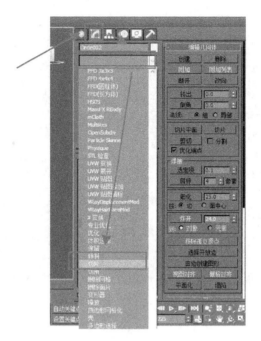

图 10-51 添加【切片】修改器

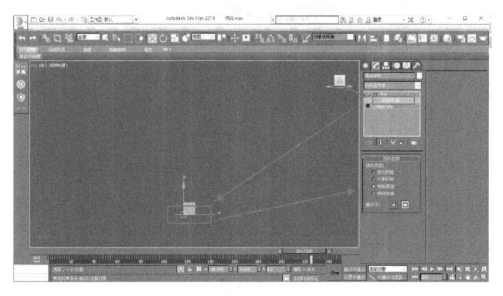

图 10-52 修改切片类型

开启【切换自动关键点模式】,将时间线滑块移到 50 帧处,用【移动】工具沿 Y 轴向上拉,拉到物体顶部,全选关键点移至 175~225 帧处,如图 10-53 所示。

关闭【切换自动关键点模式】,点击【切片】退出切片编辑,切片动画模型会有镂空,所以给它加一个【补洞】修改器,如图 10-54 所示。

视口中右击选择【全部取消隐藏】,弹出【是否显示所有层】对话框,选【否】,选中另外两根桥墩柱,打组。开启【切换自动关键点模式】,将时间线滑块移到 25 帧处,右击选择【物体属性】将"可见性"数值改为 0,点击【确定】,将两个关键点互换位置。选中两个关键点,移至

225~250帧处。接下来要把模板移除,选中模板物体,选中该物体的第二个和第三个关键点,按住 Shift 键加鼠标右键向右拉即可复制出两个关键点,将复制出的第二个关键点移至 275 帧处,第三个关键点移至 250 帧处,如图 10-55 所示。

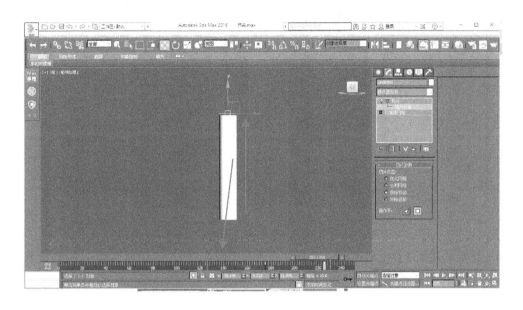

图 10-53　移动关键点(三)

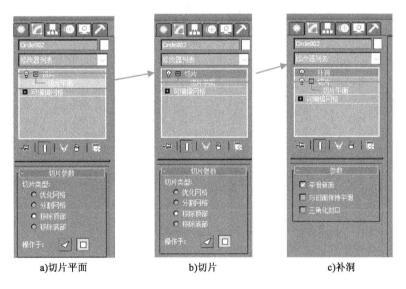

a)切片平面　　　　　b)切片　　　　　c)补洞

图 10-54　退出切片

制作第六个动画:关闭【切换自动关键点模式】,打开【切换层资源管理器】选择"6-桥墩上半部",并切换到该层,在【时间配置】中将动画长度调为 300 帧。选中物体,开启【切换自动关键点模式】,将时间线滑块移到 30 帧处,右击选择【物体属性】,将"可见性"数值改为 0,点击【确定】,将两个关键点互换位置。全选两个关键点,移至 275~300 帧处。

243

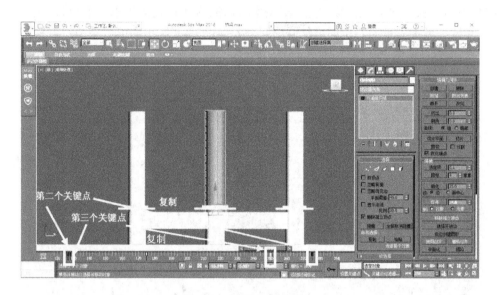

图10-55 复制、移动关键点

(4)用摄影机去观察这些动画,先创建一个摄影机(图10-56):【创建】→【摄影机】→【目标】,按T键切换到顶视图,选择一个初始点,按住鼠标左键向目标点位置拖动。

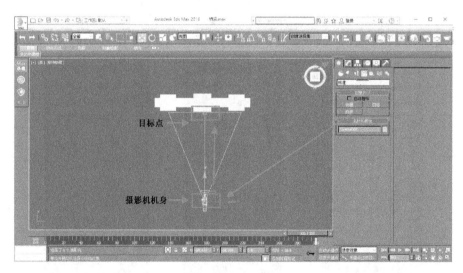

图10-56 创建摄影机

这样我们就创建了一个摄影机,摄影机视图如图10-57所示。

摄影机目标点和机身都可以单独移动,以便调整方向,但摄影机的角度无法调整,这时我们需要摄影机视图来配合,按C键进入摄影机视图,视图导航的几个工具也会发生变化,如图10-58所示。

用如图10-58所示工具调整摄影机,调到满意的角度,如图10-59所示。

(5)导出预览视频,打开主工具栏中【渲染设置】,把视频比例改成1920×1080,如图10-60所示。

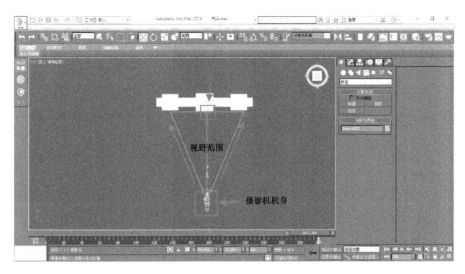

图 10-57　摄影机视图

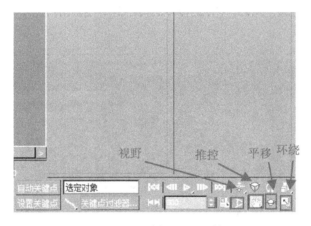

图 10-58　调节摄影机工具栏

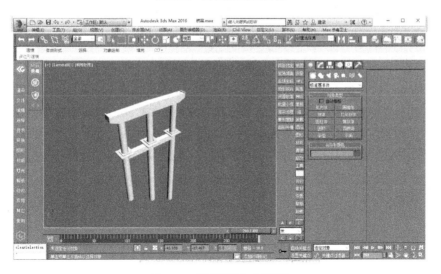

图 10-59　摄影机调整后的视图

图 10-60 设置视频比例

点击【工具】→【预览、抓取窗口】→【创建预览动画】,弹出【预览】对话框,完成如图 10-61 所示设置。

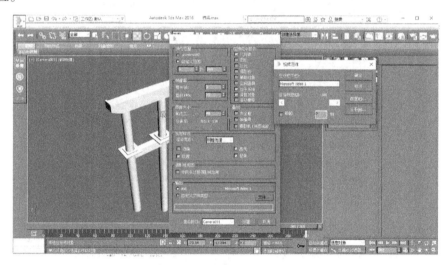

图 10-61 【创建预览动画】

生成视频文件默认保存在 C:\Users\Administrator\Documents\3dsMax\previews 下,如系统自带播放器不能播放".avi"格式文件,就下载其他播放器,或下个转换器转换一下格式(格式工厂等)。当然现实中的操作往往更复杂,用户可自行扩展。

【本章节配有视频教学数字资源,资源编号为 S-28,请扫描封面二维码查看】

思考题

10-1 目前动画制作的软件有哪些?3ds Max 有哪些优缺点?

10-2　3ds Max 可以导入什么格式的文件?

10-3　3ds Max 制作动画的过程有哪些?

操作题

采用 3ds Max 软件制作如下桥墩施工动画。

【本章节操作题动画,资源编号为 DH-01,请扫描封面二维码查看】

第 11 章

基于 Revit API 开发桥梁快速建模系统

如前所述,Revit 软件主要面向建筑领域,大部分桥梁构件需要创建族完成,建模效率不高。基于 Revit API 接口,用户可以搭建二次开发环境,扩展 Revit 本身尚不具备的功能,大大提高设计效率,故本章介绍基于 Revit API 开发桥梁快速建模系统,供学有余力的读者进一步拓展建模能力。

11.1 Revit 二次开发

Revit 二次开发,简单地说,就是在 Revit 软件基础上进行定制化修改以实现功能的扩展,达到自己想要的功能效果,而不会改变软件的内核。针对 Revit 进行二次开发的目的主要分为三类:①依据用户的个性化需求,优化软件的功能;②满足用户简单的业务处理功能;③实现和其他 BIM 软件的集成和整合。当前 Revit 二次开发主要是在 Revit API 的基础上进行的。

11.1.1 Revit API 发展进程

Autodesk 公司推出了程序编程接口 Revit API 来弥补 Revit 软件在创建模型和数据管理等

方面的不足。Revit API 是为 Revit 服务的程序编程接口,英文全称为 Application Programing Interface,是一个基于 Revit 系列产品的类库,只有在 Revit 开始运行的前提下才能有效使用。用户可以运用 VB、C#、C++ 等与.NET 开发环境兼容的编程语言,通过 RevitAPI.dll 和 RevitAPIUI.dll 文件中的程序接口进行二次开发,以对 Revit 软件的功能进行扩展。

自 Revit API 首次推出至今已有十多年时间,在这期间 Autodesk 公司不断地对其进行实践和升级,其中包含的功能函数也越来越多。从最初只具备文档访问的简单基础功能,到如今已能实现多种复杂高级的功能。例如,运用 Revit API 进行插件的二次开发可以实现对 Revit 文件中的数据信息进行获取、统计、分析、修改等,为用户提供更丰富的使用体验;也可以实现 Revit 软件和其他软件之间的数据交互,提高软件的使用效率,使 BIM 技术可以更灵活地为项目建设周期各阶段工作服务。

桥梁结构不同于一般的建筑工程,种类繁复、线形百变、构造多样,目前市面上还没有一款软件可以完全契合桥梁结构的 BIM 快速建模需求。因此,考虑到基于 Revit API 二次开发的定制功能,可以仿照 Revit 软件中【建筑】板块的"族库"概念,建立起专属于桥梁结构的 BIM 构件族库,包括桥墩、盖梁、支座、附属结构构件等,然后将桥梁的构件参数化,使其适用性更强。建模时可以根据需要载入对应类型的族,然后调整相关尺寸,从而达到桥梁快速建模的目的,提高建模效率。

11.1.2　Revit 二次开发工具

上一小节中已提及,VB、C#、C++ 等与.NET 开发环境兼容的编程语言都可以用来进行 Revit 二次开发。由于 C#语言是目前主流的、稳定的编程语言,因此通常情况下都是选用 C#语言来进行二次开发代码的编写。C#的核心概念是"类"。"类"可看作模板,通过"类"来构造创建对象,包括属性、方法等,其包含图元及图元处理方法。所有的"类"都是以.dll 文件的形式体现并通过接口来使用的。

此外,Revit 二次开发过程中常用的工具主要有 Visual Studio、Revit SDK、ILSpy 等,如表 11-1 所示。

Revit 二次开发常用工具　　　　　　　　　　　表 11-1

工　具	特　点	功　能
Visual Studio	NET 环境、C#编程语言 具备智能代码补全	运行所有关于二次开发的编辑、测试、修改功能
Revit SDK	包含 Revit 的帮助文档 及带源代码的例子	方便编程人员获取帮助、源代码的例子 和一些实用开发工具
ILSpy	免费的.NET 反射工具	查看.NET Assembly 的类和函数 及其之间的关系

11.1.3　Revit 二次开发流程

基于 Revit API 进行二次开发的流程如图 11-1 所示。

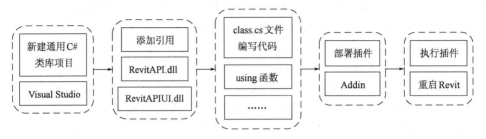

图 11-1 Revit 二次开发流程

其中,通过 Visual Studio 来编写二次开发的代码主要有外部命令(IExternal Command)和外部应用(IExternal Application)两种形式,如表 11-2 所示。

Visual Studio 编写二次开发代码主要形式表 表 11-2

主要形式	主要功能	主要函数		具体功能
外部命令 (IExternal Command)	添加一个 Revit 外部命令,并可由 用户点击按钮来 启动命令	Execute 函数	输入参数	CommandData (IExternalData)	调取 Revit 中所有的参数信息
			输出参数	Message (String)	当外部命令在执行过程中出现错误时, 可及时返回错误信息
				Elements (ElementSet)	当外部命令执行失败时,可选中对应的 构件并点击显示,Elements 中的图元将被 高亮显示
外部应用 (IExternal Application)	可以添加菜单 和工具条,或执行 其他初始化命令	OnStartup 函数 OnShutdown 函数			在 Revit 中提供特定需求功能和定制插 件效果(在菜单栏添加插件图标并实现对 应功能)等

11.2 基于 Revit API 开发桥梁快速建模板块

11.2.1 技术路线

基于 Revit API 开发桥梁快速建模系统,可解决常规桥梁的快速建模问题。具体技术路线如图 11-2 所示。

如 11.1.3 节中提到的,目前主要的二次开发形式有外部命令和外部应用两种,本章节采用将二者结合起来的方式进行二次开发。其中,通过外部应用对快速建模板块的 Ribbon 界面进行开发;通过外部命令来实现族构件数据的获取、录入及快速建模等功能。

11.2.2 桥梁构件族分类优化

本书 3.2.2 节中简单将桥梁按照空间结构进行划分以方便构件族的分类创建,而对于开发桥梁快速建模板块来说,不同种类的构件在建模使用过程中有其最适用、最常用的具体样式。因此,应从构件具体的形状样式、被使用频率等方面综合对其进行更具体深入的划分,具体如表 11-3 所示。

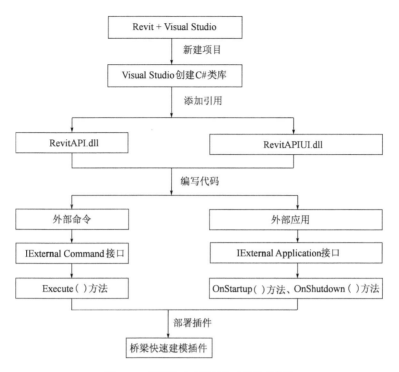

图11-2　桥梁快速建模板块开发技术路线

族库部分构件详细划分　　　　　　　　　　　　　表11-3

族库构件			
上部结构		下部结构	
空心板	空心板边跨(左)	盖梁	盖梁(矩形截面)
	空心板中跨		盖梁(T形截面)
	空心板边跨(右)		盖梁(倒T形截面)
	……		……
T梁	单T梁	桥墩	柱式墩
	双T梁		空心墩
	……		……
钢箱梁	单箱单室钢箱梁	桥台	U形桥台
	双箱单室钢箱梁		T形桥台
	三箱单室钢箱梁		八字形桥台
	……		……
混凝土箱梁	单箱单室混凝土箱梁	承台	圆形承台
	双箱单室混凝土箱梁		三角形承台
	预制混凝土箱梁		五边形承台
	……		……

对族库构件进行更详细的划分,并依据各构件的形状特点赋予其清晰明了的文件名,在后续建模工作中可以一目了然、方便快捷地进行构件的选择、使用、修改。如图11-3所示,族库中部

分承台构件的划分及命名方式不但体现出上部承台的具体形状(若是阶梯形还体现出具体阶数),而且还体现出下部桩基础的具体桩数,建模人员可以根据具体结构需求进行用族、改族。

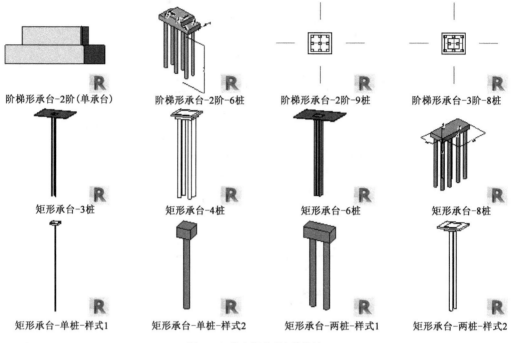

图 11-3 族库部分承台构件族

11.2.3 Revit 功能区拓展设计

根据嵌入式建模板块的操作要求,需要先对其操作面板界面进行设计。针对这个需求,Revit 在 RevitAPI.dll 中设置了可供用户自行设计 Ribbon 界面的接口 IExternalApplication。具体的界面设计流程及各控件对应部位如图 11-4 和图 11-5 所示。

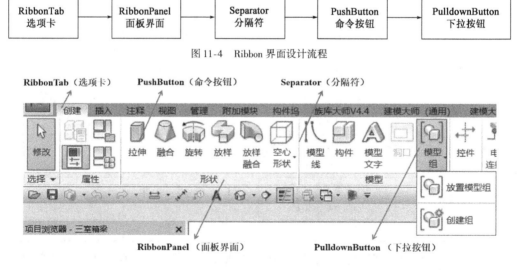

图 11-5 Ribbon 界面各控件示意图

本章节采用在嵌入式快速建模选项卡 RibbonTab 中添加多个 RibbonPanel 的思路。基于 11.1.3 节中提出的二次开发步骤,在 Visual Studio 中新建一个通用的类库项目,并在资源管理器中添加引用 RevitAPI.dll、RevitAPIUI.dll 及其他 System.dll 文件。随后新建类文件并在其中运用 IExternal Application 接口及 OnStartup( ) 和 OnShutdown( ) 方法编写代码以创建插件面板和属性。

【本部分功能的部分关键代码资源编号为 D-01,请扫描封面二维码查看】

最终设计出的桥梁快速建模系统功能区效果如图 11-6 所示。

图 11-6　桥梁快速建模系统功能区

11.2.4　桥梁各构件族文件数据录入

不同于常规的使用几何数据命令一步步从头建模的方法,本章节采用的是基于成体系的族库的快速建模方法。因此,需要先将已建好的各桥梁构件族载入快速建模板块中。以 U 形承台族的录入为例,使用 .csproj 文件中的"PropertyGroup""ItemGroup"等部件对族文件的各项属性信息进行存储。

【本部分功能的部分关键代码资源编号为 D-02,请扫描封面二维码查看】

11.2.5　桥梁快速建模功能实现

在完成添加选项卡界面和面板界面以及将族文件数据录入两个流程之后,就可以着手设计桥梁构件族放置功能,以最终实现桥梁的快速建模。本章节采用外部命令的"IExternal Command"接口,再通过获取文件、设置插入点位置、激活"FamilySymbol"等步骤实现桥梁构件族在 Revit 操作界面中载入的相关功能。

【以 U 形承台的使用为例,实现本部分功能的部分关键代码资源编号为 D-03,请扫描封面二维码查看】

最终生成的桥梁快速建模系统功能如图 11-7 所示。使用该插件建模时只需要依据所需点击选择相应类型的桥梁构件 BIM 参数族[图 11-7a)],再依照"请点击想要创建族实例的位置"的提示选择构件族放置点,必要时输入尺寸参数等,就可快速一键创建桥梁各构件 BIM 模型[图 11-7b)]。

11.2.6　开发批量创建 MEP 功能

在此基础上,考虑到用 Revit 建立管线模型时管道、风管和桥架等机电设备类型复杂、数量众多而经常导致建模效率低下、建模不准确等问题,本章节基于 Revit API 开发批量创建 MEP 的功能,如图 11-8 和图 11-9 所示。利用微软的 Winform 可视化操作界面技术,提供比较简单的按钮式操作,获取样板文件中已经存在的管道、风管、桥架等配置,供用户在创建的时候一步就可以编辑距离、系统类型、构建类型。

a)查找BIM参数族　　　　　　　　　　b)创建实例

图 11-7　桥梁快速建模系统功能

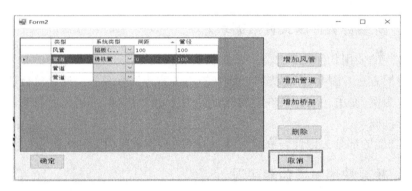

图 11-8　批量创建 MEP 功能示意图

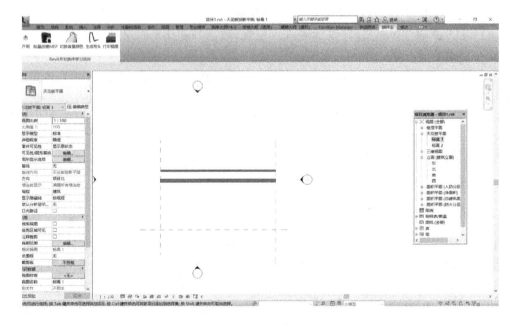

图 11-9　批量创建 MEP 功能操作界面

使用Winform的DataGridView控件来动态地添加MEP的创建信息;遍历DataGridView中创建的风管数据;再遍历项目中过滤出来的DuctType,找到用户选择的DuctType,把它传给Create方法;创建一个由鼠标点取的两个点组成的向量;求出这个向量与xyz.BasisY的叉积;创建以p_1,p_2为端点的线;以用户输入的间距为偏移距离,以刚才的向量为方向,创建一个与p_1,p_2平行的线;取出新建线的两个端点,作为创建元素的两个端点,可供用户选择创建MEP、删除MEP或编辑MEP的功能。

【实现本部分功能的部分关键代码资源编号为D-04,请扫描封面二维码查看】

11.2.7 附加族库管理系统创建

前文设计的快速建模板块主要是为建模过程服务,若需要对其中的族构件进行添加、删除等其他操作,则需要通过程序代码逐一编辑,无法直接操作。为方便工作人员进行桥梁构件族的管理,本章节进一步基于Revit API开发族库管理系统。

具体步骤如下:

(1)族库管理系统登录界面设计。

首先为系统用户设计简洁的系统登录界面,如图11-10所示。在符合用户使用需求的同时提高系统的安全性,保障良好的族库管理秩序。

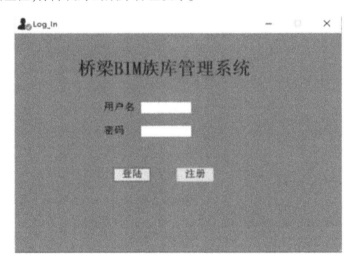

图11-10 族库管理系统登录界面

系统登录界面主要有用户信息输入、登录及新用户注册等功能。

【以用户信息输入部分为例,实现本部分功能的部分关键代码资源编号为D-05,请扫描封面二维码查看】

(2)族库管理系统内页各功能设计。

完成系统外页登录界面的编程设计之后,继续对系统内页的关键功能进行开发。系统内页中除了族库中族构件的展示、搜索功能,最主要的还有族构件的分类、上传、信息录入等功能,如图11-11所示。

【以族构件的上传为例,实现本部分功能的部分关键代码资源编号为D-06,请扫描封面二维码查看】

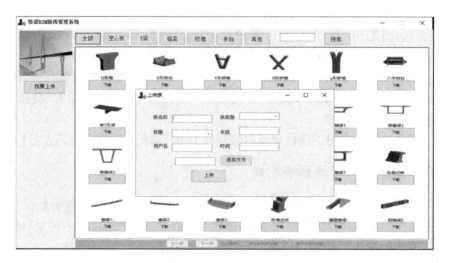

图 11-11 族库管理系统内页功能

【本章节配有视频教学数字资源,资源编号为 S-29,请扫描封面二维码查看】

思考题

Revit 二次开发的便利性和局限性体现在何处?

操作题

(1) 亮显项目中所有墙体。
(2) 手动选择一个门的族实例,在这个门的族实例中添加一个自定义实例参数。
【本章节操作题参考答案,资源编号为 D-07,请扫描封面二维码查看】

参 考 文 献

[1] Autodesk Inc. Autodeck revit Architecture 2019 官方标准教程[M].北京:电子工业出版社,2019.

[2] 何关培."BIM"究竟是什么?[J].土木建筑工程信息技术,2010,2(3):111-117.

[3] OLGA G,NIKOLAY V. BIM-technology in architectural design[J]. Advanced materials research,2014(1065-1069):2611-2614.

[4] WANG L Y,HUANG M P,ZHANG X H,et al. Review of BIM adoption in the higher education of AEC disciplines[J]. Journal of civil engineering education,2020,146(3):06020001.

[5] WANG L Y,YAN X Y,FAN B H,et al. Incorporating BIM in the final semester undergraduate project of construction management—a case study in Fuzhou University[J]. KSCE journal of civil engineering,2020,24(8):2403-2418.

[6] 王斌,杨鸿. BIM 技术在公路设计中的应用现状与展望[J].公路,2019,64(10):229-232.

[7] 钱枫.桥梁工程 BIM 技术应用研究[J].铁道标准设计,2015,59(12):50-52.

[8] 孙煜煌. BIM 技术在桥梁工程中的应用研究[D].成都:西南交通大学,2019.

[9] 中华人民共和国住房和城乡建设部.住房城乡建设部关于印发《2011—2015 年建筑业信息化发展纲要》的通知[EB/OL].(2011-05-10). www.gov.cn/gongbao/content/2011/content_2010588.htm.

[10] 中华人民共和国住房和城乡建设部.关于推进建筑信息模型应用的指导意见[J].中国勘察设计,2015(10):22-26.

[11] 中华人民共和国住房和城乡建设部. 2016—2020 年建筑业信息化发展纲要[J].建筑安全,2017,32(1):4-7.

[12] 中华人民共和国住房和城乡建设部.建筑信息模型应用统一标准:GB/T 51212—2016[S].北京:中国建筑工业出版社,2017.

[13] 中华人民共和国住房和城乡建设部.建筑信息模型施工应用标准:GB/T 51235—2017[S].北京:中国建筑工业出版社,2018.

[14] 中华人民共和国住房和城乡建设部.建筑信息模型分类和编码标准:GB/T 51269—2017[S].北京:中国建筑工业出版社,2018.

[15] 中华人民共和国住房和城乡建设部.建筑信息模型设计交付标准:GB/T 51301—2018[S].北京:中国建筑工业出版社,2019.

[16] 赵彬,谢尚英,何畏.桥梁工程 BIM 2020 年度研究进展[J].土木与环境工程学报(中英文),2021,43(S1):228-233.

[17] 中华人民共和国交通运输部.公路"十四五"发展规划[EB/OL].(2021-01-29). https://xxgk.mot.gov.cn/2020/jigou/zhghs/202204/t20220407_3649836.html.

[18] 张宜洛,邓展伟,郭创.基于 BIM 技术的公路工程正向设计应用探究[J].公路,2020,65(9):176-183.

[19] 林金华,林武,吴福居.可视化编程在 BIM 参数化建模中的应用技术[J].工程建设与设

计,2018(22):276-278.
[20] 柳龙.基于BIM技术的桥梁快速建模方法研究[D].石家庄:石家庄铁道大学,2018.
[21] 何欣.基于BIM技术的钢桁拱施工监控可视化研究[D].成都:西南交通大学,2018.
[22] 向卫国.新城区集群市政工程BIM技术应用研究[D].北京:中国铁道科学研究院,2020.
[23] 郭乔.基于BIM技术的连续梁桥参数化设计研究[D].兰州:兰州交通大学,2020.
[24] 朱江华.基于BIM的桥梁参数化建模及模型转换研究[D].西安:西安建筑科技大学,2020.
[25] 万阳.桥梁信息化(BIM)设计技术应用研究[D].重庆:重庆交通大学,2018.
[26] 唐可佳.基于BIM的扩大基础重力式锚碇参数化设计研究[D].成都:西南交通大学,2018.
[27] 郭攀.基于BIM的桥梁信息化协同平台技术研究[D].武汉:华中科技大学,2019.
[28] ZHANG L Y,DONG L J. Application study on Building Information Model (BIM) standardization of Chinese Engineering Breakdown Structure (EBS) coding in life cycle management processes [J]. Advances in civil engineering,2019,2019:1-10.
[29] 吴生海,刘陕南,刘永晓,等.基于Dynamo可视化编程建模的BIM技术应用与分析[J].工业建筑,2018,48(2):35-38,15.
[30] 陈珊珊,王颖,徐灏.基于Dynamo的接触网自动装配设计[J].铁路技术创新,2019(4):111-115.
[31] 仇朝珍,贺波,葛胜锦.Dynamo在桥梁BIM建模中的应用[J].中外公路,2019,39(5):179-182.
[32] 陈奇良.基于BIM的地铁盾构隧道管片参数化设计技术研究[D].广州:广州大学,2019.
[33] 李庶安,王喆,孔晨光,等.Dynamo在桥梁缓和曲线段建模应用研究[J].公路交通科技(应用技术版),2019,15(4):165-167.
[34] 王维轩,周东明.基于Revit平台二次开发模式的研究[J].土木建筑工程信息技术,2019,11(1):132-136.
[35] 王伟涛.基于BIM技术的斜拉桥施工控制及信息管理研究[D].成都:西南交通大学,2018.
[36] 曲强龙.基于BIM的预应力混凝土连续梁桥施工控制研究[D].北京:北京交通大学,2019.
[37] 李亚克.基于Revit平台的BIM应用系统二次开发研究[D].石家庄:河北科技大学,2019.
[38] 杜一丛,王亮.基于BIM参数化在桥梁工程设计阶段应用初探[J].建筑结构,2019,49(S2):972-978.
[39] YANG X,KOEHL M,GRUSSENMEYER P. Parametric modelling of AS-built beam framed structure in BIM environment[J]. ISPRS-international archives of the photogrammetry,remote sensing and spatial information sciences,2017,XLII-2/W3:651-657.